男の子の育て方

「結婚力」「学力」「仕事力」を育てる60のこと

諸富祥彦

PHP文庫

○本表紙図柄＝ロゼッタ・ストーン（大英博物館蔵）
○本表紙デザイン＋紋章＝上田晃郷

はじめに

私は、30数年間、教育カウンセラーとして、これまで多くの方の子育ての相談にのってきました。児童相談所のカウンセラーやスクールカウンセラーとして、子どもたちや親御さんたちの悩みに耳を傾けてきました。いまは、明治大学の教授として、子育てや教育について心理学を教えています。

その中で一番実感していること、それは、

「子どもは、宇宙からお母さん、お父さんに贈られてきた大切なプレゼントであり、また、親として、人間としての学びと成長の機会を与えてくれる大きな課題、宿題である」

ということです。

とくにそのことを痛感させられるのが、「男の子の子育て」。さまざまな子育ての相談の中で、最近とくに多いのが、お母さん方の「男の子が育てづらい！」「男の子って、どうしてこんなことするの？　わからない！」といった相談なのです。

0歳児から3歳児の男の子を持つお母さん方からの相談もありますし、幼稚園や保育園、小学校での相談、そして思春期に入って心を閉ざし始めた中学生や高校生の息子さんをお持ちのお母さん方からの相談もあります。どのお母さんからも「男の子って、どうしてこうなの？」「男の子の気持ちはよくわからないし、ほんとうに育てづらい」というため息がもれ伝わってくるようです。

実際、男の子は小さい頃から手がかかってしようがありません。絶えず忙しく動き回るから目が離せませんし、「どうしてそうなの！」と叫びたくなるようなことを連発します。

兄弟ゲンカも「もしかしたら殺し合い？」と思うほど激しくなることもありますし、不登校や引きこもりになっても女の子よりはるかに立ち直りが悪い。いじめられても心を閉ざして何も言ってくれないことが多いですし、いまどきの草食系で傷つきやすい男の子は、もしかすると、将来、結婚したり仕事をしたりできないかもしれません（２００５年の国勢調査をもとにした予測によれば今20代後半の男性の約３割が生涯未婚！　つまり一度も結婚しないまま人生を過ごしていくと予測されています。いま、３歳や5歳のお子さんが40歳になるときは、さらに状況は激しくなっていてもおかしくはなく、３割以上の男性が40歳すぎても家にいたまま。結婚もせず、フルタイムの仕事にも就かず「扶養家族」のままでいると思われます）。そう考えると、今時の男の子には「婚活」以前に「婚育」＝「結婚力を育てる子育て」が求められている！　と言えるのです。

つまり、どの御家庭でも「男の子は悩みのタネ」。女の子にくらべてはるかに子育てが難しいとお母さんは感じておられます。

けれども、私は、こう考えています。

すべての子どもは、そのたましいに、その子だけに与えられたミッション（生きる意味と使命）を刻まれて、この世に生まれてきています。子どものたましいは、見えない世界からやってきて、この世界に降りてくるときに、お母さんとお父さんを、そしてそのＤＮＡを選んで、この世に生まれてきたのです。

まだ、天の上の、見えない世界にいるときから、お子さんのたましいは、お母さんとお父さんをじっとみていて、『この人たちのもとに降りていこう。この人たちのＤＮＡを、この地上の世界での、ぼくのからだとして、お借りしよう！　そうすれば、自分がなすべきことをなしとげることができそうだ。この人たちなら、ぼくが自分のミッションを果たすために必要な、愛情と栄養と、ＤＮＡと、そして、成長のため必要な厳しい試練も与えてくれそうだ！』と、お母さんとお父さんを選んで、ゆっくりとこの世に降りてくるのです。

どうぞ、こんなあたたかい「心のまなざし」でお子さんを見守ってください。するとどうでしょう。

毎日のようにいたずらばかりして、周囲を騒がせ、お母さんを困らせていた息子さんの行動が、「将来、人の注目を集めてハッピーにさせるような仕事をなしとげるための、心の種」に見えてきませんか。

お友だちがひとりもできずに、ひとり遊びばかりに没頭している「変わった子」の「変わった行動」が、「将来、ノーベル賞級の偉大な研究をなしとげるために、研究に没頭していくための、『無我夢中力』の心の種」に思えてきませんか。

ジェームズ・ヒルマンという世界的に著名な心理学者によれば、将来、偉大な仕事をなしとげた男性の子ども時代は、親から見ると「ちょっと変わった子」

「手がかかる問題児」「友だちができない、ひとりぼっちの子」であったことが多いというのです。

しかも、大人になって天才級の力を発揮したその子どもの隠れた才能は、子ども時代、お母さんから「いったい、いつまでやってんの！」「いい加減にしなさい。もうご飯なのよ！」と叱られていた反抗的な行動として、その萌芽(ほうが)を示していた、ということなのです。

いかがですか？

もしかすると、あなたがお子さんにいつも言ってしまっている「あんたって、どうしてそうなの！」というガミガミが、お子さんのたましいに刻まれた、隠れた才能が芽を出してくるのを妨げてしまっているのかもしれないのです。

いま、あなたの息子さんはお母さんが何を言っても「イヤだイヤだ！」と「言葉」で反抗ばかりしているかもしれません。

「幼稚園に行きたくない」「学校はもういやだ」と言ってお母さんを困らせた

り、「物を投げる」「弟をたたく」「お片づけをしない」「食べ物の好き嫌いが激しすぎて、お菓子以外はほとんど食べない」「何度言っても、爪を噛んだり、指しゃぶりばかりする」などの「へんな癖」や「行動」でお母さんを手こずらせてしまっているかもしれません。

なかには「おなかが痛い」「さっき行ったばかりなのに、すぐにオシッコばかり行きたがる」「自分の髪の毛を抜いたりする」などの「からだの症状」を現しているお子さんもいるかもしれません。

お母さんとしては、とても心配になることでしょう。

けれども大丈夫！

こうしたほとんどの「問題」は、お母さんが思いきり「愛」を込めてギュッと抱きしめ、何度も何度もほおずりしたり、ホッペにチュ！をしたりして、ペタペタペタペタさわりながらスキンシップしていれば、そのうちいずれ、自然と消えていくものなのです。

「まさお、あなたってほんとうにステキ！　愛してる。世界で一番大切！」と言葉でくり返し伝えていくとさらに効果的です。

子育ての基本は、何と言ってもお母さん自身の「ラブ＆ハッピー」。お母さんが何があってもドーーーンと動じず、安定した穏やかな、しあわせいっぱいな気持ちになって、お子さんに愛を伝えていくこと。これ以上に、育児において大切なことは何もない！　のです。

どうか、みなさんの子育てが、明日から、愛に満ちたすばらしいものになっていくことを願っています！

本書では、それが可能となるための具体的な知恵と方法を、教育カウンセラーとしての私の30数年の経験をもとに、たくさん紹介しています。

この本が、みなさんの愛と幸福に満ちた子育てのお役に立てれば、こんなにうれしいことはありません。

諸富祥彦

男の子の育て方

目次

第1章 男の子の「しつけ」の基本
――「自信」と「ふんばる力」が男の子の「一生の宝」

第2章

「お手伝い」で「フットワーク力」を育てよう

第3章

「打たれ弱さ」を克服する「勉強法」と「習い事」

第4章 「コミュニケーション力」を磨いて「デキる男」に育てよう

第5章 「遊び」が人生のすべてを教えてくれる

第6章

「結婚できる男」を育てる「あぶない思春期」の乗り越え方

執筆協力　門馬説子
イラスト　Igloo*dining*

第1章

男の子の「しつけ」の基本

――「自信」と「ふんばる力」が男の子の「一生の宝」

お母さんとの「ラブラブ」が、男の子の「自信」を育てる

「毎日、ガミガミ怒ってばかりでイヤになります」

「いつも怒りすぎてしまい、子どもも私もヘトヘト。いったいどうしたらいいかわかりません」

教育カウンセラーとして、男の子をもつお母さんの悩みをうかがっていると、「この子を一人前に育てるために、厳しくしつけなければ」と、心を鬼にして子育てしている様子が目に浮かびます。

「ちゃんとしつけなければ」と思うからこそ、ガミガミ叱ってしまう。——これは、親御さんとしての責任感の表れでしょう。

でも、ハッキリ言ってしまえば、小学校に入るくらいまでは、しつけなど二の次でまったくかまわないのです。

息子さんが長い人生を幸せに送ることができるかどうかにとって最も大きいのは、6歳までに「ボクはお母さんから愛されているんだ！」と実感できるかどうかである、というのが私の実感です。

私は、子育てには3つのステージがあると考えています。

①ラブラブ期……0歳から6歳くらいまでの、いわゆる乳幼児期（生まれてから幼稚園・保育園まで）

②しつけ期……6歳から10歳くらいまでの、いわゆる児童期（小学生時代）

③見守り期……10歳から12歳以降、18歳くらいまでの、いわゆる思春期（小学校高学年から大学生くらいまで）

子育て、とくに男の子の子育てで最も重要なことの一つは、①のラブラブ期

（0歳〜6歳くらい）のときに親、とくにお母さんから「これでもか」というくらい、惜しみない愛情を受けることです。惜しみない愛情を受け続けることで、はじめて男の子の心の中に「いざとなれば、お母さんがいる」という安心感が芽生えはじめます。そしてその安心感が土台となって、男の子はさまざまなことにチャレンジしていくことができるようになるのです。その結果、男の子は「たとえ失敗しても、自分は世界から見放されることはない」「自分はがんばれる人間だ」という自信（自己肯定感）をもつことができるようになります。

この自信、「自分はがんばれば何とかできる人間だ」という自己肯定感こそ、男の子の一生を決める心の基盤となっていきます。

少々大変なことがあってもがんばれる、ふんばりがきくようになるのです。

恐ろしいことに、この〝心の土台〟が6歳までに育っていないと、その悪影響は、20歳すぎになってじわじわと姿を現してくることが少なくありません。お子さんが20代、30代になってはじめて、6歳までの子育ての問題が噴出し、わかったときには手遅れになってしまうことがあるのです。

具体的に言うと、せっかく大学で毎回授業に出ていても、肝心のテストの時だけ欠席してしまい何年も留年してしまったり、せっかく熱心に就職活動をしていても、面接の日だけ休んでしまう、といったように、「ここ一番」という「大切な時」に、「ふんばり」がきかない子に育ってしまいやすいのです。

そのような、「いざというときふんばりがきかない男性」と話していると、ある共通点があることに私は気づきました。それは、「幼い時、お母さんと楽しく遊んだ思い出が思い出せない」ということです。

「いくら思い出そうとしても、小さいころ、お母さんと楽しく遊んだ記憶がないんです。いつもガミガミ叱られてばかりで……」

「いつも勉強しなさい、勉強しなさい、とばかり言われ続けて……。母にやさしくされたことが思い出せません」

彼らのお母さんに、お子さんに対する愛情がなかったわけではありません。お母さんとしては、お子さんに「ちゃんと育ってほしい」と思うからこそ、厳しく叱りつけ、勉強の習慣をつけさせようとしていたのでしょう。

ただ、その結果、多くのお子さんは人生で一番大切な「いざという時、ふんばる力」を身につけそこなってしまうのです。

「うちの子はもう小学生。遅かった……」というお母さんも、まだまだ間に合います！　気づいたときがスタートです。さっそく今日から、お子さんが「ボクは愛されてるんだ！」と思えるよう、思いっきり愛してあげましょう。それがお子さんの「いざという時、ふんばる力」となって、一生の財産となるのです。

●愛していると言葉をかける

「マサオくんのこと、大好きよ」

「ケンちゃんは、ママの宝物」

「カズくんのこと、大切」

親子だから、〝言わなくても通じ合える〟というのが間違いのもと。**親子でも、夫婦でも、愛は言葉にして伝えないと伝わりません。**ちょっと恥ずかしいかな？　と思えるくらいの言葉でも、どんどん口に出していきましょう。

●抱っこやタッチングを惜しまない

愛を伝える手段は、言葉だけではありません。折にふれ、抱っこやタッチングをしてあげましょう。

- **心を込めてゆっくり抱っこする**
- **ペタペタ触る**
- **ギュッと抱きしめる**
- **ほっぺにキスする**

日本人の親子は、こうしたタッチングが、他の国の親子と比べてかなり少ないのです。それが親子の愛着関係の形成に悪影響を与えてしまっています。

こんなことばかりしていたら、もっと甘えん坊になってしまうのでは？　男の子なのにいいの？　と心配する方がおられるかもしれません。でも、その心配はありません。

子どもは、気持ちのいい抱っこやタッチングが大好き。「自分は大切にされている」と実感でき、自己肯定感が養われます。

「ペタペタ、チュ」のタッチング一つで心の問題の多くは解消

実はこの、〝ペタペタさわる〟〝ギュッと抱きしめる〟〝ほっぺにチュ〟などの**タッチングこそ、小さなお子さんの育児の〝最大の武器〟**なのです。

たとえば、歩き始めたばかりの子が「抱っこ」とせがんだとしましょう。こんなとき、お母さんはつい「ダメ。歩く練習よ」と言ってしまいがちです。

そんなときは、しばらく抱っこしてあげてから、「また歩いてみる？」と聞いてあげましょう。すると、「ウン」とうなずいて自分から歩き始めることが多いもの。抱っこしてもらえたことで「大丈夫。お母さんはボクのことが好き」と安心感が生まれて、歩いてみようというチャレンジ精神が生まれるのです。

ではここでお母さんがお子さんの甘えを受け入れずに、「がんばりなさい」の一点張りだとどうなるでしょうか。

お子さんは、気持ちのやり場がなくなって、夜泣き、ぐずり、わがまま、食べず嫌い、弟（妹）へのいじめ、幼稚園に行きたがらなくなる、などの問題を起こし始めます。そして、問題を起こすことでお母さんのガミガミはさらに激しくなってしまいがちなのです。

お子さんの心の問題の多くは、①言語化（「いやだ」「そんなことしたくない」「お母さんなんか嫌いだ」「幼稚園行きたくない」などの言葉）で、次に、②行動化（弟や妹をいじめる、ものを投げる、何かに当たるなどの行動）で、さらには

③身体化（夜泣き、腹痛、頭痛、指しゃぶりなど）として現れます。

こうした問題に対する最大の対処法がタッチング！「ペタペタ」「ギュッ」「チュ」とお子さんとのからだのふれあいをくり返しているうちに心が安定してきて、問題行動が消えていくことが少なくありません。また、**子どもからペタペタと触りながら甘えてくるのは、よい子育てをしている証拠**なのです。遊びなどで、お父さん、お母さんとお子さんの体を触れ合わせるような遊びをするのもOKです。

男の子とお母さんの関係は「恋人」でOK！

お母さんたちからよく受ける質問の一つに、こんなものがあります。

「自分の気分に子育てが左右されてしまいます。はげしく叱ったり、叱らなかったり……。こんなムラのある子育てで、子どもに悪影響が出ないかと心配です」

たしかに、あまりに気分次第の子育ては考えものです。

お母さんの気分次第で叱られるときもあれば、同じことをしても何も叱られないときもある。これでは、「自分はどうやったら愛されるのかわからない」「自分は愛されていないのではないか」と、子どもの心が不安定になってしまうのです。

しかし、そもそもイライラをためこんでしまうのは、「ずうっと子どもといることで、気持ちをリセットできないから」です。

外に働きに出ていれば仕事のことに目が向くので「心のリセット」はそう難しいことではありません。いまの教育熱心なお母さんたちにとって、この「心のリセット」は、非常に大事なこと。

だからこそ私は、いろんなところで、

「3歳まではできるだけ、自分の手だけで育てないほうがいい」

と、お母さんたちにお話ししているのです。

「3歳までは母親は働きに出てはならない。保育所などに預けるのはかわいそう。母親が自分の手で育てるべきだ」という考えがあります。いわゆる「3歳児神話」です。私は、この考えに反対なのです。

「部屋の中を汚す」「絶えずじっとしていない」「お行儀が悪い」といったことがごく当たり前の男の子と、24時間いっしょに過ごしていれば、お母さんは彼らを追っかけまわすことになります。そして、きちんとしているのが好きなお母さんであればあるほど、イライラ、カリカリとストレスをためこんでしまいます。そして、限界に達して、「いい加減にしなさい!!」とぶちキレてしまうのです。

これは、お母さんと男の子、お互いにとって不幸なことです。手や服をしょっちゅう汚すのも、いっときたりともじっとしていられないのも、男の子が生まれながらにして持っている性質です。放っておいても、成長するにつれ、きちんと社会に適応できるようになっていきます。

それを、きちんとしていないと気がすまないお母さんが躍起になって直そうとして、どなったりガミガミ言ったりしすぎると、男の子の心の中には「ぼくはどうせダメな子」「お母さんに面倒をかける悪い子」という自己否定的なイメージが蓄積されていってしまうのです。

基本的にお母さんと男の子の関係は、「恋人感覚」でOK。男の子がお母さんから「愛されている」と実感できるラブ&ハッピーな関係を大切にしましょう。しつけは、あくまでも、この関係を崩さない範囲で行うべきです。

まじめなお母さんほど、「きちんと育てなければ」「男の子なんだから、いつまでも甘えん坊じゃいけない」という責任感もお持ちでしょう。

でも、その責任感からイライラ、カリカリをためこんで、ストレスを子どもにぶつけてしまっていては、元も子もありません。

「短時間のパートでも外で働いていたほうが、自分らしくいられる」「フルタイムで働いて、子どもを保育園に預けたい。帰宅後の1日3時間だけなら、子どもと思い切り笑顔ですごせる」

そんな方は少なくありません。だとすれば、そんなお母さんは、ぜひ働きにいくべきです。さまざまな調査の結果を見ても、フルタイムで働きながら忙しく子育てしているお母さんよりも、専業主婦のお母さんのほうがストレスが高いのです。

今、専業主婦の方にお勧めしたいのは、1日数時間でも保育のプロに子どもを任せて、ママ友だちとカラオケやファミレスに行ったりと、〝自分のための時間〟を確保することです。ストレスを解消し、気持ちをリセットすることが、結局はお子さんの心の安定につながります。**「子どものため」と我慢して、ストレスをためこみ、子どもにイライラをぶつけまくるほど愚かなことはありません。**お子さんの心も不安定になってしまいます。

育児において、お母さんの心が安定していることほど大切なことはありません。私が見てきた限り、思春期以降さまざまな問題を起こすのは、男の子——とりわけ「長男・はじめての子」が圧倒的に多いんです。

これは、はじめての赤ちゃん、しかも異性である男の子のすることなすことが、お母さんには理解しづらいこと、しかも近くに頼れる人がいないことがお母さんのイライラにつながり、そんなお母さんのイライラにお子さんが反応していることが関係しています。

いまは「３歳児神話には根拠がない」とご存じのお母さんも多いのですが、それでもやはり心の奥底で「何かあったとき後悔するのは嫌だから」と、仕事を辞めて育児に専念しようとする女性は少なくありません。

改めて言います。

世界中の心理学の調査で、「３歳までは母親の手で育てたほうがいい」という考え（３歳児神話）を立証するようなものは、一つもありません。どの心理学や社会学のデータを見ても、子育て中のお母さんのうち、一番ストレスが高いのが「専業主婦」、次が「フルタイム勤務のお母さん」、そして一番ストレスが低いのが「短時間勤務のお母さん」なのです。

家にいるにせよ、働きに出るにせよ、お母さんたちには「自分の心の安定」を大切にしてほしい。そう心から願っています。「心が安定したお母さんが側にいること」ほど、育児において大切なことは何一つないからです。

6歳〜10歳時の親の態度が、困難を乗り越える力を育てる

6歳頃から10歳〜12歳くらい、子どもが小学校に入ってからの5〜6年間は、これまでの「ラブラブ期」の雰囲気をキープしながら、「しつけ」モードにギアチェンジすべき時期です。

この時期の男の子は、自分を抑えることを覚え、学校生活やスポーツなどを通して、社会のルールに自分を合わせる術を学んでいきます。

とくに**小学校低学年の時こそ、「しつけ」をきちんとおこなうべき時期です。**

「世の中のルール」「やるべきこと」「やってはいけないこと」を教えていきましょう。

そのなかで、お母さんに守ってほしいのが、次の３つです。

①親が何でも肩代わりしない
②子どもに自分の失敗の責任をとらせる
③解決方法を自分で考えさせる

小学生の男の子に対するしつけで、ついやってしまいがちなのが、どなったり、怒ったりしながら、結局子どもを甘やかしてしまっているやり方です。「アンタは何でいつもそうなの！」と、ガミガミ口では怒りながらも、忘れ物をしたら届けてあげる。なくし物をしたらすぐ買ってあげる。毎朝起こしてあげる……。

ガミガミ怒りながらも、結局は親が尻ぬぐいをしてあげているわけです。

こういうことをくり返していると、子どもの心には、「結局お母さんが何とかしてくれる」という思いがつのり、自分の行動に無責任な子どもに育ってしまいます。

たとえば忘れ物をしても、親は届けてあげない。すると自分で友だちに「貸して」と頼んで解決するしかありません。それを避けるために、「次からは忘れ物をしないようにしよう」と思うのです。

何でもお母さんが尻ぬぐいをしていると、子どもは、先生から怒られながらも、「結局、お母さんが何とかしてくれる」と思うようになってしまいます。

また、ガミガミ言われ続けることで、

僕は忘れ物をしてしまうだめな子

←

だから忘れても当たり前
←
お母さんに届けてもらおう

と、忘れ物をする自分を変えられなくなるのです。
「うちの子が忘れ物ばかりしていたらかわいそう……」と思うかもしれません。
けれど、「お母さんに尻ぬぐいしてもらう」体験をくり返していると、

・アルバイトに遅れそうなとき、お母さんに電話で連絡してもらう
・仕事で重要な書類をなくしてもどうしたらいいかわからず、放置してしまう

といった無責任な大人になってしまいます。「自分で自分のことは何とかしなくては」という、自立と責任の感覚が育たないままになってしまうのです。

社会人になっても、「上司が声をかけてくれれば、こんなことにならなかったのに」と人のせいにばかりする若手社員。これは、「お母さんが起こしてくれないから、寝坊したんだ」という論理と同じです。自分に責任があるとは考えず、他人のせいにする習慣がついてしまっているのです。

お子さんが将来そうならないためにはどうすればいいのでしょう。忘れ物をしてしまったときは、「アンタは何でいつもそうなの！」と叱り続けて終わるのではなく、「忘れ物をしないようにするには、どうしたらいいと思う？」と、子ども自身に考えさせることです。

持ち物は前日の夜までに必ず用意して玄関に置いておく、朝もう一度連絡帳を見直すなど、方法はいろいろあります。子どもからいいアイデアが出なかったら、お母さんが知恵を貸してあげてもいいでしょう。

ただし、こうやっても、なかなかすぐには問題が解決しないことは、お母さんが一番ご存じだと思います。

でも、決してあせらないでください。

子育てで大切なのは根気です。失敗をゼロにすることではなく、失敗した時どうすればいいのか、自分で考えさせるトレーニングを積むことです。

根気がいるかもしれません。けれど「ガミガミ言いながら結局尻拭いをする」子育ては、お子さんが「一人前の大人」になるのを妨げてしまうことをおぼえておいてください。

10歳～18歳の「見守り期」にこそ、お母さんは家にいるべき

世間では「子どもが小学校に入るくらいまでは家にいて、10歳くらいになって手が離れたら、また働き始めてもいい」などと考える人が多いようです。

しかし、心理カウンセラーをしている多くの仲間たちの考えはまったく逆です。

10〜12歳から15歳くらいまでの思春期こそ、子どもの心が一番不安定になる時期。この、人生で最も心が不安定になる時期にこそ、お母さんには、できるだけ家にいてほしいのです。

とは言っても、お子さんの心にどんどん入っていくべきだというのではありません。この時期は言わば「見守り期」。一歩離れたところからお子さんを見守り、「何かつらいことがあったら、いつでも力になるからね」と「待って」いるべき時期です。

思春期の子どもたちは、何を聞いても「別に」「それで」ばかりで、口を開けば生意気なことを言うようになります。

お母さんからすると、これまで甘えてきた息子に冷たくされ、自分は何のために家にいるかがわからなくなってしまいます。そうなると、「そろそろ手もかからなくなってきたから、働きに出ようか」となるかもしれません。

でも、ちょっと立ち止まって考えてみてください。

私は前著『あなたのお子さん、このままでは大変なことになりますよ』（アスペクト）で、「娘が10歳になったら家に戻るべし」と書きました。思春期の女の子は人間関係が複雑で、SNSでのいじめもよく見られます。だからこそ、思春期になったらお母さんは家に戻って、何かあったらお嬢さんがいつでも「つらいよ」と助けを求めることができるような、ホッとできる雰囲気作りをしてほしいのです。

10歳～15歳は、男の子の心も不安定になる時です。思春期の課題は〝自分づくり〟。親の借りものではない、自分自身の世界をつくりあげていくことですが、そのため一度、混とんとした無秩序な状態に入っていきます。思春期の男の子に「あなたはどうしたいの」とたずねると「別に」「とくにない」などと答えることが多いものですが、これは「自分でもわからない」のが本音なのです。「自分でもわからない」から答えようがないのです。

赤ちゃんも、自力で歩いたと思ったら、我に返ってお母さんを探してワーンと泣き始めたりしますよね？　思春期の男の子も、そんなふうに親から離れたりくっついたりをくり返しながら、徐々に巣立っていきます。その過程では、まだまだお母さんの力が必要なのです。中学生の男の子が、すごく反抗したかと思うと、逆に妙にベタベタ甘えてきたりするのは、そのためです。

男の子が10歳～15歳になり、心が不安定になる時期を迎えたら、学校から帰ってくる時間にはできるだけ家にいてあげるようにしてください。職種によっては、子どもが小さい頃にキャリアを築いておくことで、それが可能になる場合もあるでしょう。

男の子のお母さんに気をつけてほしいのは、「どうしたの？」、「なんで話してくれないの？」などと、しつこく干渉してしまうこと。持ち物や、メールや携帯電話を勝手にチェックするのは最悪です。子どもの「秘密」を大切にしてあげながら、あくまでも「見守る」スタンスを大切にされてください。

男の子の「勇気」を育てるためには

男の子の子育てに関して具体的なアドバイスを提供してくれる心理学に「アドラー心理学」があります。アドラー心理学では、否定的な言葉で子どもから物事にチャレンジしようとする意欲を奪ってしまうことを「勇気くじき」と呼びます。

アドラー心理学では、「勇気のある子ども」には、次のような特徴があると考えています。

- 困難を克服しようとする
- 失敗しても、自己嫌悪に陥らない
- できるかわからないことにチャレンジする

・自分1人だけでやろうとせず、人と協力しようとする

これが、「勇気がある」男の子です。

この「勇気」が欠けたまま成長すると、失敗を恐れるあまり、就職活動に意欲的にとりくんだり、意を決して女性を口説いたりすることも難しくなります。

では、どうしてそうなってしまうのでしょうか。

私は、親の何気ない否定的な口ぐせが、もともと気持ちがくじけやすい男の子に、追い討ちをかけてしまっている例をよく見かけます。

代表的な5つのNGワードは、次のようなものです。

① 「どうしてあんたは○○できないの?」「何でいつもそうなの?」

子どもは親を困らせてやろうとか、わざと宿題を忘れようとか、意図してそうしているわけではありません。「何で?」と聞かれてもわからず、困ってしまう

ばかりです。

②「何度言ってもわからない子ね」「バッカじゃないの？」

忙しいお母さんは、子どもが思うようにならないと、ついよけいなひと言を言ってしまいがちです。言われたほうは、悔しさや怒りから反発するか、「どうせボクはダメな子なんだ」と自信をなくしてしまうだけです。

③「もうっ、片づけてよ！」「いつになったら1人でできるの？」

こんなセリフを怒り口調で言われ続けると、いくら自分が悪いとわかっていても素直になれず、「そんなに言わなくったって……」と不満に思ってしまうものです。

電車の中で、ちょっとヒジがぶつかっただけなのに、「痛い‼」とすごい剣幕で言われて、不快に思った経験はありませんか？

お子さんがおもちゃを散らかしていたら「これはここにしまおうか」、シャツが出ていたら「ズボンの中に入れようか」と、**ふつうに言えばすむことです。**

④「言うことを聞かないと置いていくよ」「早く寝ないとオバケが出るよ」

これでは「脅し」です。こんな意地悪なことを言われて、素直な気持ちになれる子どもはいません。それに、本当に置いて帰れるわけはないし、オバケが出るわけでもないので、子どもはそれが単なる脅しだと気づいたら、言うことを聞かなくなってしまいます。

男の子は言うことを聞かないのが当たり前です。いちいちカリカリと叱っていては、２人の間に絶えず険悪な雰囲気が漂うようになり、子どもは親を困らせる行動をわざととるようになります。そうなったら、最悪です。

⑤「そんなへんなこと、しなくていいの！」

男の子は、お母さんからすると、とかくよけいなことばかりしたがります。道を歩いていて少しでも高いところがあれば上ったり、アリの行列をジーッといつまでも見ていたがったり。

でも、それはもしかすると、冒険心やチャレンジ精神、科学的好奇心の現われかもしれません。このような、お母さんから見るとよけいなことにしか思えない「しなくてもいいこと」にこそ、男の子の成長の芽が潜んでいます。これをつんではいけません。

いつもこういった行動を否定されていると、「どうせやったら怒られるから」と、したいこともできなくなり、無気力で覇気のない男の子になってしまいます。息子さんが、「自分からやりたがる」こうした行動に根気強くつきあってあげることが大切です。

大人になって人並み以上の仕事をしている男性の多くは、子どものころ「ちょっと変わった子」と呼ばれていたと一様に言います。

「うちの子、変わってる」と思ったら、「もしかすると天才かも！」と喜ぶくらいでちょうどいいのです。

「わたしメッセージ」で自分も息子も幸せに

ガミガミ言いすぎると、お子さんとの関係が悪くなってしまうことはわかっている。だから止めたい。でも、何を言ってもどこ吹く風の息子に、どうにか聞く耳をもってほしい……。

そんな悩めるお母さんにぜひ身につけてほしいのが、「わたしメッセージ」という、コミュニケーション・スキルです。

ガミガミ言葉の特徴は、

「とっとと（あなたが）勉強しなさい」

「もうっ！（あなたは）バカなんだから！」

と、隠れた主語がすべて二人称の「あなた」になっていることです。

誰でも、自分の言動や人格を否定されるのは面白くありません。また、「あなたはどうせこうなんでしょ」と、子どもの行動や気持ちを勝手に決めつけてしまうことにもつながります。

親に一方的に決めつけられてしまうと、それが正しいか正しくないかは別として、素直に従う気にはなれなくなってしまうものです。

子どもの「いまやろうと思ってたのに！」という言い訳の多くは「あっさりお母さんの言うことを聞いてなるものか」という反抗心からきています。

ガミガミ言いたくなったときは、隠れた主語を二人称の「あなた」から、一人称の「わたし」に変えて、自分の気持ちをそのまま伝えるようにしてみましょう。「わたしメッセージ」を使うのです。

具体的な会話例を見ていきましょう。

●台所で夕食のしたくをしているお母さんに、子どもがまとわりついてきたとき
×「じゃましないでっ。見てわからないの？　宿題やってなさい！」
○「お母さん、とても疲れてるんだけどご飯作らなきゃ。だからいま遊べないの。ごめんね」

●ランドセルや教科書、おもちゃなどを片づけないとき
×「いい加減に片づけなさい！」
○「お母さん、散らかっていると、落ち着いてご飯が食べられないの。もう少しキレイにお片づけしてくれるとうれしいなっ」

●トイレに行きたいと言ったとき
×「どうして今頃言うの？　さっき行っておきなさいって言ったでしょ！」
○「教えてくれてありがとうね。でもお母さん、いまお買い物に行かなくちゃい

けないから、忙しいの。さっきいっしょにトイレに行ってくれてたら、お母さんもっとうれしかったな」

●注意したのに、走って転んでしまったとき

×「だから言ったでしょ！　どうしてそんなことばっかりするの？」

○「大丈夫？　痛かったね。お母さん心配したよ」

「あなたメッセージ」の多くは、「子どもの問題行動」に向けられ、それを非難するものになりがちです。

それを、「わたし」を主語にした「わたしメッセージ」に変えると、同じことを言っても、焦点は「お母さんの気持ち」に移ります。**「わたし」を主語にして、お母さんが素直に自分の気持ちを口にすると、子どものほうには自分を否定された気持ちは残りません。**

むしろ、子どもはお母さんの気持ちを受け入れやすくなります。場合によってはお母さんを気遣い、思いやる気持ちさえ生まれることがあるのです。

「わたしメッセージ」は、思春期に入って、「別に」「それで」としか言わなくなった男の子との会話にもパワーを発揮します。

お母さんは、息子さんのことを心配して声をかけているつもりでも、つい、

「ちゃんと勉強してるの？」

「そんなんで大丈夫なの？」

と、押しつけがましい言葉を発してしまいがちです。息子さんには、自分を否定されたような気持ちしか残りません。

「わたしメッセージ」は、そんなねじれた親子の対話を修復してくれるのです。

してほしいことは「命令」ではなく「お願い口調」で！

「もっと勉強してほしい」「片づけをちゃんとしてほしい」「自分で早起きしてほしい」……息子さんに「もっとしてほしいこと」が山ほどある、というお母さんは少なくないでしょう。

そんなお母さんにお勧めなのが、アドラー心理学の勇気づけの発想をいかして、**お子さんの行動を「お願い口調」で励ます**ことです。

だれでも、人から「命令」されると嫌な気持ちになるものですが、同じことを「お願い口調」で伝えられると、やってみる気になるものです。

「ちゃんと片づけてって言ってるでしょ。何度言ったらわかるの！」とどなられるより、「疲れてるところ悪いんだけど、ランドセルを決まった場所に片づけてくれると、お母さん、うれしいんだけどな」とお願いされたほうが、お子さんのやる気はずっと高まります。

これは、ご主人に家事や育児を手伝ってほしいときにも効果抜群。「早く帰ってたまには子どもの面倒みてよ」ではなく、「仕事、大変だと思うけど、できたらたまには早く帰って子どもと遊んであげてくれる？ そしたら私、少し自分の時間ができて本当に助かるんだけどな」とお願いしてみるほうがはるかに効果的なはずです。

お願いするときのポイントは、

「一歩下がって」

「ポジティブに」

「具体的に」

の3つ。これを身につければ、いつも笑顔で子どもともご主人とも接することができるようになりますよ。

①ワンダウン・ポジション（一歩下がって）

「ワンダウン・ポジション」とは、自分を相手より一歩下がった位置に置くことです。偉そうにしている営業マンからは、物を買う気になりませんよね。逆に、自分をリスペクトして、ていねいにもてなしてくれる人の言うことには、耳を傾けたくなります。

子どもでも、それは同じです。

まずは、親が一歩下がって、

- **「〇〇してくれると、お母さん、ほんとうにうれしいんだけどな」**
- **「〇〇してくれると、お母さん、本当に助かるな」**

と、子どもをうまく立ててあげると、親の願いを素直に聞けるようになっていくのです。

②ポジティブに

否定的なことをたくさん言われると、自分に自信が持てなくなり、いざというときふんばって乗り越えていく力が育ちません。してほしいことは、ポジティブな言い方で伝えましょう。

×「何ぐずぐずしてるの！　早く片づけなさい‼」

○「○○くん、ちゃんと片づけできるもんねー。あと5分で片づけたら、ご飯だよ～」

×「明日漢字テストなんでしょ？　少しは勉強したらどうなのよ」

○「テストの前には勉強してくれると、お母さんうれしいな。マサオくんならできるよね」

③具体的に

お母さんは、「こらっ、カズオ」と名前だけを呼んで叱ったり、「やる気出しなさい」「もっとがんばらないと」などと、子どもがどうしていいかわからない抽象的な物言いをしてしまいがちです。言われた子どもは何をどうすればいいかわからず、困ってしまうことが多いものです。

子どもにしてほしいことがあるときは、できるだけ具体的に伝えるようにしましょう。そのほうが、子どもも行動しやすくなります。

×「こらっ、カズオ、電車の中で騒ぐんじゃない！　いい加減にしなさい！」

○「電車の中には疲れている人とかいろんな人がいるから、おしゃべりせずに、静かにすわっていようね。カズオならできるよね」

×「あんた、少しぐらい勉強したら?」
○「毎日、晩ごはんの前に、30分ぐらい勉強できるといいよね。そうしてくれたら、お母さんうれしいな」

「肯定的な呪文」をくり返す

子どもは、親からいつも言われている言葉を、自分の中でつぶやくようにくり返すようになります。そして、〝心の口癖〟となった言葉どおりの性格になっていきます。「あなたは本当にぐずねえ」などと言われ続けた子どもは、「そうか、ボクはぐずなんだ」と思い込むようになり、本当にぐずな子どもになってしまいやすいのです。

どうせかけるなら、子どもの心に〝肯定的な心の呪文〟をかけるようにしましょう。

「あなたは、本当はやればできる子。お母さんは知ってるよ」

「まさる君は、お片づけがうまいいい子ねー」

こうした〝肯定的な呪文〟を親がかけ続けていると、心の中に肯定的な自己イメージが形成され、子どもは「自分は、やればできる子なんだ！」と思えるようになります。

言葉には、魔法の力が潜んでいます。「言葉」が「行動」をつくるのです。

ある小学校での話です。子どもたちが廊下を走るので、

「走ってはいけません！」

という貼り紙をしたら……子どもたちは、前にも増して走るようになってしまったといいます。

その後、心理学を学ばれた先生が、貼り紙の言葉を、

「みんな、ゆっくり歩けるよね♥」

と肯定的な言葉に変えたら、急に歩く子どもが増えたというのです。

「何度言ってもわからない子」とくり返していれば、子どもは「自分は何度言ってもわからない子だ」と思い込み、本当に「何度言われてもわからない子」になってしまいます。

お子さんを叱りたい衝動に駆られたら、そこで立ち止まりましょう。そして「○○くんは○○できるよね」と肯定的な言葉で語りかけるようにしましょう。このくり返しがいずれ大きな効果を発揮するようになります。

「ほめる子育て」をやめて「ともに喜ぶ子育て」へ

最近では「ほめて育てる」というのが、教育論の主流となっています。

しかし、「ほめて育てる」子育てには、大きな欠陥があります。「ほめられる」

のは、一つの「ごほうび」ですから、「ごほうびがもらえない」と、つまり、「ほめられない」と動かない子どもになってしまうのです。「ほめられたいからゴミを拾う」子は、「誰も見てなければ、ほめられないからゴミは拾わない」子どもになってしまうのです。

では、どうすればよいのでしょうか。

「ほめて育てる」のではなく、「ともに喜んで育てる」ことが大切なのです。

●子ども目線で喜びを共有する

子どもは「お父さん、お母さんの喜ぶ姿が見たいから、自分もがんばろう」と思うものです。**子どもががんばったときに親が「私はうれしい」というメッセージを伝えれば、自発的なやる気が育ちます。**

・「マサオがお手伝いしてくれたから、とっても助かっちゃった。お母さんうれしいなあ」

・「テストが60点でガッカリしてるみたいだけど、この間勉強していたところはできるようになってるじゃない。お母さん感心したよ」

・「昨日の試合でエラーしたこと、後悔してるかもしれないけど、練習で失敗してたバント処理は完璧だったよね！　お母さん、うれしかったな」

●他の子や兄弟と比べてほめない

最悪なのは、お母さんやお父さんが、お子さんと他の友だちや兄弟に「勝ったときにだけほめる」やり方です。

誰かと比べてほめられるとお子さんは不必要な優越感をもつようになります。

ただでさえ、子どもたちは学校や塾での勉強、スポーツ、おけいこごと、と競争しなくてはいけないことがいっぱい。お母さん、お父さんまで、他の子との勝ち負けにこだわってしまうと、お子さんは、他の子に勝ったときにだけ自分に満足し、他の子に負けると自分には何の価値もないように感じるようになってしまいます。

●ほめる時は、①すぐその場で、②目を見て、③頭をなでながら

子育ての基本は、「ほめたり、叱ったり」ではなく、「ともに喜ぶ」子育てです。しかし、お子さんが「ほめられたくて、がんばっている」のを感じた時は、上手にほめてあげることも大切。そのコツは**①すぐにほめる、②目を見てほめる、③頭をなでながらほめる**、の3つです。

まず、ほめるタイミングは、「すぐその場で」が鉄則。心理学の実験でも、何かをしたことに対して報酬が与えられるまでにタイムラグがないほうが、能力がより伸びるという結果が出ています。

「目を見て」はコミュニケーションの基本。目を見ないと、子どもは「ホントにそう思ってる？　口先だけだな」と受け取ります。

10歳くらいまでは、「頭をなでながら」も効果絶大。ほめ言葉がタッチングさ

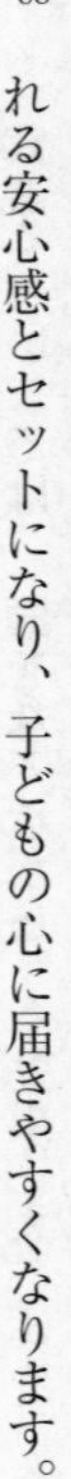
れる安心感とセットになり、子どもの心に届きやすくなります。

子どもの「行動」をよく観て「具体的にほめる」

子どもをほめてあげたいのに、「すごい」「えらいね」などワンパターンになってしまい、いまひとつ子どもの心に届いていないみたい……と感じているお母さんは多いでしょう。

ほめ上手な人の特徴は、観察上手であることです。子どもの実際の行動をよく見ているので、子どもが努力した行動について、具体的にほめることができるのです。

元小学校教師の教育カウンセラー・親野智可等さんの著書『親ががんばらないほうが子どもは伸びる』（ＷＡＶＥ出版）に、こんなお話が出ていました。

親野さんが受け持っていた図工クラスに、とても絵の上手な男の子がいました。女性の先生をモデルに、校内美術展用の絵を下描きしていたのを見たところ、すばらしい出来！　ところが、「すごくうまいね」とほめたのに、ちっともうれしそうではないというのです。

そこで親野さんは、彼の様子を観察することにしました。ちょうど、下描きから色塗りに入ったところだったのですが、彼は手や腕を何度も色を変えて塗り重ねていました。親野さんにはピンとくるものがあり、絵を集めるとき彼に言いました。

「手や腕の立体感や丸みがよく出ているね。肌の明るいところから暗いところまで少しずつ色を変えたからだね」

それを聞いた男の子は、にんまり笑ってくれたそうです。

自分の思い入れのあるところを具体的にほめられると、それはそれはうれしいものです。それができるには、テストで１００点だった、絵で賞をとった、という「結果」だけをほめるのではなく、お子さんが「自分のがんばっているところを、よくみてくれていた！」と思えるように、「具体的に、その子が努力した行動を見てほめることが大切」なのです。

たとえば、子どもが100点をとったとき、ふつうなら「100点？　すごいね！」が定番です。

しかし、子どもが「具体的にがんばった行動」に目を向けると、次のようにほめ方が変わっていくはずです。

- 「毎日晩ごはんの前に、もう勉強しはじめてたもんね、がんばったね」（努力のプロセスをほめる）
- 「30分で20問も解いたの？　計算のスピードがあがってすごいね」（変化を具体的にほめる）
- 「この問題、前は間違えてたのに、今はスラスラとできるようになったね」（変化を具体的にほめる）

「ほめるところがない子ども」は、どうすればいい？

「子どものがんばりを共によろこんで育てたい」「ほめて育ててあげたい」と思っていても、忘れ物ばかりする、勉強もスポーツもいまひとつ……。「うちの子には、ほめるところなんてありません」とため息まじりに言われるお母さんも少なくありません。

でも、息子さんをよーく観察してください。お子さんの具体的な行動をよく観察していると、お子さんなりに「がんばっていること」（＝ほめたり、共によろこんだりできること）はたくさんあるはずです。

・いつも宿題をまったくやらなかったのに、ほんの少しでも自分から宿題をし始めたら、「宿題、自分からやるなんて、よくがんばったね」と、うんとほめてあげましょう。いくら字が汚くても、そこは目をつぶってください。

・10回の漢字練習で、2回目まではきれいに書けている男の子には、「漢字練習、がんばってるね。2回目まではとくにきれいに書けているね」とほめてあげましょう。

・寝坊がちな男の子なら、「昨日より5分早く起きられたね」と、前よりよくなっている点を具体的に認めてあげましょう。

「え!? そんな小さなことでほめてもいいの?」と驚かれるお母さんもいるでしょう。

お母さんにとって当たり前の宿題や生活習慣も、息子さんにとってはすごく難しいことだったりします。

「ほめるハードル」をうーんと下げ、視線を思い切り低くして、お子さんの「小さながんばり」を見つけてみてください。そうすると、「ただの怠け者」「ただの忘れんぼう」に見えていた我が子が、少しずつではあるものの、前進しているのが見えてくるはずです。

ほめて育てても「自信過剰」になるわけではない

ほめられると、大半の男の子はうれしくて調子に乗るものです。「おれってこんなにすごいんだぜ」と友達に威張ったりします。これは、男の子のごく自然な反応なんです。

こういう姿を見て「将来、学歴や過去の栄光を自慢する、イヤミな〝自慢男〟になってしまうのでは？」とか「自信過剰になって、苦労するのでは？」などといちいち心配する必要はありません。

放っておいても、シビアな現実にいずれ、自分自身で直面せざるをえなくなるからです。

・歌が得意だと思っていたけれど、学芸会のミュージカルの主役には選ばれなかった
・勉強ができると思っていたけれど、塾では一番下のクラスだった
・足が速いと思っていたけれど、リレー選手になれなかった

このように、子どもは学校生活やスポーツ、勉強、受験などを通して、必ず自分の実力を思い知らされることになります。親がわざわざ「アンタはたいしたことない」と、子どもをガッカリさせるようなことを言う必要はありません。自信をもちたくてももてない現実がいくらでも待ち構えているからです。

自慢げな彼らをやり込めるようなことはせず、お母さんはニコニコしながら「そうなんだ～」と、受け流していればいいのです。

では、なぜ自慢ばかりする男性は、なかなかいなくならないのでしょうか。

彼らは、自然体の自分で勝負する自信がない人です。ほんとうは自信がないから自分をもっと大きく見せたくて、職業や過去の栄光を持ち出すのです。

子どものときにうんとほめて自信をつけてあげた男の子ほど、かえって人に疎まれるような自慢はしなくなるものです。

叱るのは、命やケガの危険があるときだけでいい

「学校からの保護者向けの大事なお知らせのプリントがランドセルの中から出てきたので叱ったんです。本人も自分が悪いとわかっているんです。それなのに、結局いつも同じことのくり返し……。あんなに約束したのに、なんだか裏切られた気がして……」

男の子をもつお母さんなら、誰もが一度は経験したことがあるはずです。

もう少し小さい子なら、

・「走ったらダメ！」と注意したすぐあとに走って転ぶ
・「食べ物で遊んではダメ」と言った直後に食べてるものを投げる
・「散らかすのはやめなさい！」と言ったそばから散らかしていく
・「危ないからやめてね！」と言ったのに、翌日、また塀の上に上って遊ぶ

こんなことのくり返し。お母さんもガマンの限界に達しているかもしれませんね。

しかし、これらは、本当に厳しく叱りつけなければいけないことでしょうか？

たしかに、混み合った駅のホームやスーパーで走ったり、落ちると骨折するような高さのある場所にのぼったりすれば、ケガをするばかりか、命を落とす危険さえあります。

こうした「命の危険」のあることに対しては、親は、「絶対にやってはいけな

い」という強い態度で望まなければなりません。

しかし「プリントを出し忘れる」「片づけをしない」「宿題をしない」……これらは、親をイライラさせることではあっても、いのちにかかわることではありません。子どもを脅すような厳しいやり方で、叱りつける必要はないのです。

たとえ叱りつけて言うことを聞かせたとしても、それでは「叱られるから～する」という他律的な行動パターンが身についてしまうだけです。

・いつもは騒いでいるのに、授業参観に親が来たときだけ静かになる
・親の前ではおとなしくしているのに、親がいなくなると、とたんにお友だちの頭をポカポカ殴り始める

こんなふうに、「親の前でだけ、いい子」を演じる子どもが、最近ずい分と増えているのです。

もちろん、「プリントをちゃんと出してくれないと、お母さんは困るの。今度から出してね」とくり返し、粘り強く話していく必要はあります。けれども、「もうっ！　いい加減にしなさい!!」とどなりつけてばかりいると、「どうせぼくはだらしない子」とお子さんの自尊心を傷つけるだけで、行動も改善しません。

怖く言わなければ言うことを聞かない、というのは親の思い込み。どなったほうが、根気よく言い聞かせるより簡単だからです。

男の子を育てるには、何より、親の根気が必要です。親御さんも、お子さんといっしょに成長していくために、落ち着いて、何度もくり返し言い聞かせる練習を重ねていきましょう。そのうちに、イライラしてどなるクセをやめることができますよ。

どうしても叱らねばならないときの3つのポイント

では、男の子を叱るときのポイントは何でしょうか。まずは次の3つです。

①人格や存在を否定することを言わない

親はつい「信じられない！　そんなことをする子だとは思わなかった」などと、子どもの人格を否定する言葉を口にしてしまいます。でも、悪いのは「その子自身」＝「人格」ではなく、「その子のとった行動」です。人格を否定する言葉は使ってはいけません。

×　なんてダメな子なの！

×　あんたなんか生まなきゃよかった

○　～するのはダメだよ。というのはね……

○　高いところで人を押したらダメよ。それはね……

こんなふうに、頭ごなしでなく、きちんと理由を説明して叱りましょう。

②何で叱られているのかを説明する

親がただどなり散らしているだけでは、子どもはなぜ叱られているのかわかりません。何がいけないかをきちんと説明しましょう。

× カズオっ！　何やってるの！

× そんなことするなんて、信じられない！　あんたバッカじゃないの！

○ お友達のおもちゃをいきなりとったらダメでしょ。貸してほしいときはね、△△って言うのよ。

○ 弟をそんなに叩いたらダメよ。だって△△だからね。

③次、叱られないためにはどうすればいいか教える

子どもがしてはいけないことをしたり、同じ過ちをくり返してしまうとき、悪意があってしているわけではなく、ただ「どうしたらいいかわからないから」ということが少なくありません。

「今度から、ブランコで滑りたかったら、順番が来るまで待とうね」
「遊びたいおもちゃがあったら、『貸して』って言おうね」
「○○ちゃんのこと、何か嫌なことがあったら、叩くんじゃなくてママに教えてね」

こんなふうに、具体的な方法を教えるほうが、ただ叱るより、子どもの行動はずっと改善されやすいのです。

●体罰のくり返しは絶対禁止

お子さんが本当に危険なことをしたときは、なぜぶつのかを説明したうえで、かる〜く平手打ちする程度の体罰は、アリだと思います。

しかし、次のような体罰は、親に対する不信感を生みだすだけで、一つもいいことがありません。

・説明なくいきなり殴られる
・たいした理由もなくぶたれる
・子どもから見ても、親が自分を殴るのがクセになっているとわかる

手をあげるときは、子ども自身が「たたかれてもしかたのないことをしてしまった」と納得できるよう、子どもにきちんと理由を説明した上で、愛情をこめて軽くピシャッとやってください。

子育てをしていれば、カーッとしてしまって思わず手が出てしまうことは、よくあります。でも、それをくり返していると、子どものなかに、親に対する憎しみが生まれます。その結果、わざと親が困ることをしたり、親を軽蔑したりするようになってしまうのです。

ひとりっ子の男の子、兄弟のいる男の子、どっちが幸せ？

ひとりっ子にはひとりっ子のよさ、兄弟のいる子には兄弟のいる子のよさがあります。

お子さんがお一人の親御さんはよく「うちの子は、ひとりっ子だから、打たれ弱いんでしょうか……」などと、ひとりっ子にマイナスのイメージを持たれている方が多いのですが、そんなことはありません。

ひとりっ子のよさは、なんと言っても兄弟によるケンカや競争での傷つきがないことです。

男の子にとってとくにキツいのが、同性の兄や弟と比べられて、マイナスの評価をされることです。プライドを傷つけられたうえに、「自分はアイツよりお母さんからかわいがられていない」というコンプレックスが芽生え、心が歪んでしまいがちです。**兄弟と比較して「かなわない」という思いを抱いたがために、人生そのものに対して投げやりになったり、非行に走ったりする子もいます。**

私の子育てカウンセリングでも、男の子同士の兄弟ケンカに関する悩みはトップスリーに入るくらい多いんです。なかには、「殺し合いにまで発展しそうで」という、ものすごいケンカを毎日している兄弟もいます。「男の子はだからイヤ」とお母さんは涙ながらに語られます。

もちろん、兄弟関係には、好敵手として競い合ったり、人間関係の駆け引きを学んだりと、プラスの面もたくさんあります。

そのプラスの面を生かすためにも、

「お兄ちゃんはちゃんと言うこと聞けるのに、なんであなたはそう聞き分けがないの？」

「弟の○○はあんなに勉強ができるのに、なんでお兄ちゃんはダメなの？」

などと、兄弟同士を比較することは、絶対にしてはいけません。

親が何気なく口にする「お兄ちゃんのほうが」「弟のほうが」という言葉が、男の子の心に、深くて大きなダメージを与えてしまうのです。

誰も傷つけない、兄弟ゲンカの仲裁法

たかが兄弟ゲンカ、と軽く見ないでください。毎日毎日のことなので、兄弟ゲンカでいつも負けているほうは、大きなトラウマ（心の傷）を抱えてしまい、その傷をずっと引きずって何十年も苦しんでいるケースを私は数多く見てきました。

兄弟の年齢が近いほど、ケンカはエスカレートしやすいのがふつうです。とりわけ年齢差が4歳以内だと、命の危険を感じるほど激しいケンカになることも時としてあります。

こんなとき、どちらも納得するようにケンカを収めるのは、本当に難しいものです。

たとえば、何でも真似をしたがる3歳の弟、それを嫌がる5歳の兄。最初にちょっかいを出したのは弟だけれど、力ずくで泣かせてしまう兄も悪い。こんなとき、あなたならどうしますか？

親はつい、「どっちも悪い！」とケンカ両成敗をしてしまいます。実際、大人からみるとどっちもどっちですよね。

でも、それでは、お兄ちゃんも弟さんも「お母さんはボクの言い分をわかってくれない」と不満ばかり募らせていきます。子どもにはそれぞれ、自分の言い分があるのです。

大切なのは、どちらの言い分もていねいに聞いて理解したうえで、「じゃあ、どうすれば解決するのか」をいっしょに根気よく考えてあげることです。「お母さんはわかってくれたし、真剣に向きあってくれた」と子どもたちに思わせることです。

とはいえ、ケンカをすれば、当然勝ち負けが出てきます。お母さんはまずは、ケンカに負けたほうをフォローしていきましょう。

そうなると、ケンカに負けるのは弟さんが多いので、上の子にガマンさせることが多くなりますね。

ガマンさせたお兄ちゃんをそのままにしておくと、「何でオレばっかり悪者になるんだ」とふてくされる原因になります。時間があるときに、下の子はお父さんに任せ、必ずお兄ちゃんにもお母さんを独占させてあげる時間を作りましょう。

男の子は、お母さんと2人きりになる時間を求めています。兄弟いっしょに、ではダメなのです。２人きりになって、思う存分ペタペタ、チュッチュしてあげてください。

ちなみに、４歳以上年の差がある場合には、「ひとりっ子が2人状態」になってしまうことも少なくありません。お兄ちゃんに時々お世話を頼んだりして兄弟が関わる時間を作っていきましょう。お兄ちゃんは弟に頼られることで成長していくし、弟さんの甘え欲求も満たされていきます。

第２章

「お手伝い」で「フットワーク力」を育てよう

「お手伝い」が将来を決める

息子さんが20代になった時、働く意欲や恋愛・結婚の意欲がある「一人前の大人」になってもらうために、小学生の時くらいからしておくべきことは何だと思いますか？

小さいうちから怠けないように厳しくしつけることでしょうか？

受験で困らないために、遊ぶ時間を削って塾通いをさせることでしょうか？

答えはノーです。

男の子を、まっとうに就職して働き、結婚できる「一人前の男」に成長させるために、親がすべきこと。それは、「家事のお手伝いをさせること」なのです。

それを証明する、興味深い調査結果があります。私の教え子が就職活動をテーマにした卒業論文を書くために、学生約２００名にアンケートを行いました。その結果、就職活動に熱心な男子学生には、ある共通点が見つかったのです。

それが、「小学生のころに、家事のお手伝いをした経験」だったのです。

彼らはみな、子どものときから、風呂掃除や料理などの家事を日常的に手伝う習慣があったのです。

お手伝いを通して、男の子は将来働いたり、結婚して家庭を営むことができるようになるための基本となる「３つの力」を身につけることができます。

①「フットワーク力」が身につく

小学生のころから、ちょこまかとからだを動かして働く習慣を身につけておくこと、これが男の子の心と身体を「働くモード」に変えていきます。

お子さんが小さいときから、「あなたは男の子だから勉強さえしていればいいの」とお母さんがなんでもしてあげていると、ちょっとしたことでも、からだを動かすのを面倒くさがる子どもに育ってしまいます。この習慣が10代後半や20代まで続いていくと、就職や結婚を拒否するようになり、場合によっては、ひきこもりの素地をつくってしまいます。

②「役割を果たす喜び」「みんなの役に立つ喜び」が体験できる

お手伝いには、さらに人間としての成長を促す効果があります。与えられた家事をしっかりこなすことを通じて、「ぼくは自分に与えられた役割をきちんと果たすことができる」「ぼくはみんなの役に立てる存在だ」という自信が育ちます。お子さんの「自己有用感」（ぼくはみんなのためにすべきことができる、という自信）や「自己貢献感」（ぼくは人や社会の役に立てる人間だ、という自信）が、「社会の中で役に立つ喜び」をはぐくみ、「働くことで自分の価値を実感したい」という気持ちを育てていくのです。

子どものころの「人の役に立つ喜びの体験」が乏しいと、子どもは社会から切り離されたところで自分の価値を感じようとするようになります。これが、将来のネットオタクやひきこもりにつながっていきやすいのです。

③「困難に立ち向かう力」を育てることができる

お手伝いの体験を通して得た自己貢献感（ぼくは人の役に立てる存在だ）という自信は、彼らが将来さまざまな困難を乗り越えていく原動力になります。

もちろん、勉強やスポーツができることも子どもの自信になりますが、勝ち負けがないのがお手伝いのよさです。

洗濯物をうまくたためなかったからといって、「負けた」とは感じませんよね？ **お手伝いは、勝ち負けや失敗を気にせずに、自信を育てていくことができる絶好の機会なのです。**

不器用でアバウトなところのある男の子にお手伝いを頼むのは、お母さんにとってはちょっと面倒なことかもしれません。「自分でやったほうがはやいわ」と、つい自分でやりたくなってしまうお母さんも多いようです。

けれども、お子さんが30歳〜40歳になった時「一人前の大人」になっていてほしいのなら、勉強、スポーツ、習い事以上に「お手伝い」させることのほうが重要なのです。

まずは、「サラダを食べるとき、ドレッシングが食卓に並んでいるのが当たり前」。これを今日からやめてみませんか？　お子さんに自分で冷蔵庫からドレッシングを取ってもらうようにしましょう。

「次は、お母さんが言わなくてもテーブルにドレッシングを出してくれるとうれしいな。カズオならできるよね？」

これだけで、息子さんの未来はグンと明るくなるはずです。

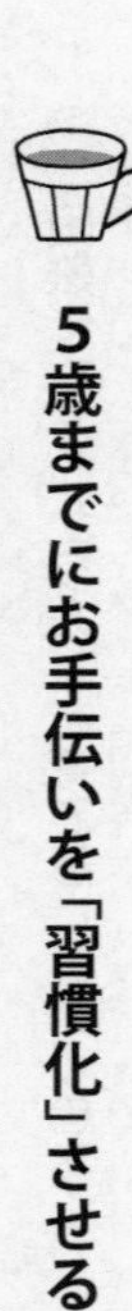

5歳までにお手伝いを「習慣化」させる

家事手伝いは習慣性の強いものです。毎日やっていればそれが当たり前になっていきます。けれども、急に「今日からお願い」と言われてしまうと、大人であっても「なんで自分が……」と面倒に感じられてしまいます。子どもなら、なおさらでしょう。

それだけに、「なんでボクが、こんなことしなくちゃいけないの？　お母さんがやればいいじゃん」という疑問が口から出る前――４、５歳頃までにお手伝いの習慣を身につけさせておくことができればベストです。

２歳の子でも「このゴミ、ポイしてくれると、うれしいな」と言えば喜んでやってくれます。子どもがやりたがることを任せてみるのもいいですし、花の水やり、タオルを二つ折りする、といった、ごく簡単なことからはじめてみましょう。

子どもは、親の喜ぶこと、役に立つことをするのが大好き。こうした心の芽をじょうずに育てていきましょう。

男の子にお手伝いを頼むときのポイントは４つあります。

①「失敗」するのを前提に

そもそも、男の子にお手伝いをさせる目的は、トライアル＆エラー（試行錯誤）の経験を積ませることです。男の子にお手伝いを頼むとき、最初から戦力になると考えてはいけません。「男の子の手伝い＝失敗するもの」という前提でいましょう。

女性であるお母さんは、子どものころ自分が母親を手伝っていたイメージが強いので、「お手伝い＝お母さんの役に立つこと」と考えがちです。でも、男の子は母親のイメージ通りにはまず動いてくれません。

「牛乳をコップに入れてテーブルに運んで」と頼んだら、雑な男の子は必ずといっていいほど、コップから牛乳をあふれさせたり、運んでいる途中でこぼしたりします。

「上手にやれる」ことを期待するから、イライラするのです。**お手伝いをはじめ**

た最初の時点では「失敗は当たり前」「あとで私がやり直す」ことを前提にお手伝いをお願いしましょう。

②失敗しても怒らない、イライラをぶつけない

お母さんが食事の支度や下の子のお世話で忙しいときに、息子さんが牛乳をぶちまけたり、お皿を割ったりすると、「だから言ったでしょ！」「よけいなことするからよ！」と思わずキレてしまうお母さんもいると思います。

でも、お子さんはお母さんを喜ばせたくて、一生懸命お手伝いしたのです。それなのに鬼の形相で叱られたのでは、「もうお手伝いなんかしたくない」「どうせボクは役立たずだ」とふてくされてしまいます。

「あらあら、びっくりした？　大丈夫よ。今度はうまくできるといいね」

「失敗しちゃったけど、大丈夫よ。がんばってお手伝いしてくれてありがとう」

こんなふうに、「失敗しても大丈夫。お母さんは、あなたを応援しているよ」

と励まして、子どもが「失敗してもいいんだ」と思えるようにしましょう。

③失敗したあとの片づけ方を教え、正しいやり方を考えさせる

たとえばお子さんが食器を運ぶのに失敗し、お皿を割ってしまったとしましょう。小学生の男の子なら「ぞうきん出してくれる？ こういうふうに拭いてね。そうそう、ありがとう」と、いっしょにやってあげながら、やり方を教えてください。叱りとばすより、いっしょに片づけながら方法を教えてあげれば、お子さんは「失敗したって終わりじゃない。もっとうまくやる方法を学べばいいんだ」と前向きな気持ちになれます。

もし余裕があれば、「どうすればうまくできたかな？」「今度はどうすればいいと思う？」と、お子さん自身にやり方を考えさせるのも効果的です。次にやるとき、自分の考えた方法で成功すれば、大きな自信になるはずです。

④たとえやり直しても、子どもには言わない

「お母さんがあとでやり直しとくからいいわ、置いといて」

「下手くそね！　やり直さなきゃいけないじゃないの！」

など、つい口をついて出てきてしまうことがありますね。

でも、グッとガマン。「お前、洗濯ヘタクソなんだよ。オレがやり直しといたよ」とご主人に言われたら、この上なく腹が立ちますよね？　同じことをお子さんにしてしまわないよう、気をつけましょう。

お手伝いにお小遣いやごほうびをあげてもいいの？

お手伝いをした子どもに、お小遣いやごほうびをあげるべきかどうか、悩む親御さんも多いのではないでしょうか。

私は、子どものお手伝いにごほうびをあげることは、そう悪くはないと思いま

す。「みんなの役に立つこと（お手伝い）」をすれば、「自分にいいこと（お小遣い）」が返ってくる、という世の中の法則を実地に学ばせることができるからです。

では、どんなごほうびのあげ方がいいのでしょうか。

「トークン・エコノミー」という方法がお勧めです。

これは、行動療法という手法で用いるやり方の一つで、お子さんが望ましい行動をとったとき、お金に替わる代替貨幣（トークン）として、シールを貼ってあげたりします。それが一定量たまると、ごほうびと交換し、望ましい行動を強化するというしくみです。

この方法を毎日のお手伝いに取り入れるのです。

たとえば、お手伝いをしたら表にマルをつけたりシールを貼ったりして、10枚たまったらチョコレート、30枚たまったらゲームを1時間というように、ごほうびと交換できるようにします。

お手伝いに対して直接お小遣いやごほうびをもらうよりも、ポイントやシールを集めるほうが楽しいし、子どものやる気を引き出せます。私たちがポイントのつくお店についつい足を運んでしまうのと同じ心理です。お手伝いをするとすぐポイントが与えられ、しかもそれがたまると大きなごほうびに変わるというシステムは、自発的なやる気を刺激します。

「ごほうびをあげることに気が進まない」という人も多いのですが、よく考えてみてください。大人でも「これを片づけたら、お茶の時間にしよう」「この仕事が終わったら旅行に行けるからがんばろう」といったように、ごくふつうにごほうびを楽しみに行動していますよね？

私自身は「よくがんばって原稿を書いた日」には、いつもより少し高級なダークチョコレートを食べるようにしています。

最初はごほうびをもらうためにやっていたお手伝いであっても、習慣化していくうちに、自発的にできるようになっていきます。トークン・エコノミーは使い方次第で、男の子に達成感（ぼくにもできた！）を与えながら、お手伝いの習慣をつける大きな武器になるのです。

「ごほうびのあげ方」にはコツがあります

「ごほうびがないとお手伝いをしなくなってしまった」

「お手伝いが中途半端なのでシールをあげなかったら、子どもがやる気を失ってしまった」

こんな失敗例も多々あります。

効果的に行うには、次の3つに気をつけましょう。

①お手伝いの内容とポイント数は、子どもと相談して〝具体的に〟決める

何をお手伝いするかは、可能な限り子ども自身に選ばせましょう。自分で決めたことを自分で達成する訓練になるからです。ただ単に、「お皿を洗う」などとあいまいな決め方をしてしまうと、一枚洗っただけでやめてしまったりすることになります。すると、親は「そんなことじゃ、ポイントはあげられない！」とイライラし、子どものやる気をそいでしまいがちです。

「自分からお皿を全部洗えたら3点」、「頼まれて洗ったら2点」、「途中でやめたら1点」などと、お手伝いの中身とポイントをできるだけ具体的に決めておきましょう。

②ごほうびは「お金」より「モノ」にする

ごほうびとしてお小遣いをあげるのも必ずしも悪くありません。

しかし、子どもの意欲をうまく引き出すには、一つひとつのがんばりにすぐにシールなどのポイントによる報酬を与え、それがたまったら現物と交換するほうが効果的です。努力の継続を促す効果もあります。

ゲームが好きな子なら「5ポイントでゲーム30分」、お菓子が好きな子なら「5ポイントでチョコレート1枚」などとしてあげると、お子さんのやる気を積極的に引き出すことができます。ゲームソフトや自転車など高額なものを欲しがるようになったら、「自転車は100ポイント」などとポイント数を高く設定します。

中学生になったら、ふだんのお小遣いは定額制で与え、洋服やパソコンなどの特別な買い物については、がんばりに応じて買い与えるというのも一案です。

③「ありがとう。お母さんうれしい」と感謝の気持ちを伝える

これが、一番大事なポイントです。

子どもが自発的にお手伝いするという気持ちを育てるには、お手伝いしてくれた直後に「ありがとう、ピカピカになったね!」「お母さん、とっても助かったわ」「カズオくんが手伝ってくれて、お母さん、うれしいな」という感謝の気持

ちをこまめに伝えていくことが大切です。子どもは、ごほうび以上に「お母さんの喜ぶ顔を見たいから」お手伝いするようになるのです。

よく「ごほうびなしだと、お手伝いをしなくなってしまい、困っている」という声を聞きます。それはこの「感謝の気持ちを伝えるありがとう」が足りないからです。

親のほうが「お手伝いをするのは当たり前」と思ってしまうと、つい「ありがとう」を言うのもおろそかになってしまいがちです。お母さんも毎日ルーティンでこなしている家事に対して、御家族から「助かるよ。ありがとう」と言われたら、うれしいはずです。お子さんのお手伝いにまめに「ありがとう」を伝えるのを忘れないようにしましょう。

「なんで手伝わなきゃいけないの？」と聞かれたら

「なんで手伝わなきゃいけないの？」

「皿洗いなんてやりたくない。それって、お母さんの仕事でしょ？」

「お母さん麦茶ちょうだい！　え～自分でやるの？　お父さんだってやってないじゃん！　ボクばっかりなんでやらなきゃいけないの？」

こんな言葉が、息子さんの口から出ること、よくありますよね。

息子さんのなかでは、「家事＝お母さん（女性）の仕事」という図式がすでにできあがっているのです。

すると、お手伝いは「本当はお母さんがしなきゃいけないことを代わりにさせられている」との思いが強くなるので、どうしても腰が重くなってしまいます。

でも大丈夫、まだ間に合います。

男の子の脳に特有の「チーム意識」を活用するのです。最近の脳科学では、男の子と女の子の脳に違いがあることがわかってきています。**男の子は仲間のために働くとき、脳の働きが活性化するといわれます。男の子は生まれつき、仲間＝チームのために働くことが好きなようにできている生き物なのです。**

それには、お父さんの協力が欠かせません。同じ男であるお父さんが率先して家事に関わることで、「家族はひとつのチーム。そして、お前にはチームの一員として果たすべき役割がある」という意識を子どもに持たせることができるのです。

子どもがＤＳで遊んでいる横で、ゴロゴロしているお父さんに、「お前、お母さんを手伝え」と言われても、子どもは動きません。食べた食器を下げる、ゴミ捨て、買い物など、簡単なお手伝いでかまいません。お父さんから息子さんに「いっしょにやろう」「俺たちでお母さんを助けてあげよう」と誘ってもらうのです。

小学校3～6年生頃の男の子は、お父さんを通じて社会性を学んでいく時期でもあります。このチーム（家族）では、他のメンバーのために、お互い助け合っていくのが当たり前。そんな社会性を育てておくことは、将来の働く意欲、就職への意欲を高めていくことにもつながります。

母子家庭でも、この「チーム意識」は重要です。とくに男の子のきょうだい同士で、お兄ちゃんから弟へ、「ぼくたちが、お母さんをサポートしよう」というチーム意識を育てることができれば、最強です。将来の働く意欲が育つだけでなく、奥さんをいたわる気持ちの育成にもつながります。

第３章

「打たれ弱さ」を克服する「勉強法」と「習い事」

将来伸びるのは、「自己イメージが高い」男の子

「勉強ができる子の育て方」といった本がたくさん出ています。

たしかに、持って生まれた知能がそんなによくなくても、けっこう成績がいい子がいます。この子たちの共通点は、何でしょう。

それは、「自分は頭がいいという自己イメージを持っている」ことなのです。

小中学生の男の子をもつお母さんの悩みナンバーワンは、「うちの子は勉強しなくて……」というのが、昔からの定番です。

しかし、無理やり勉強させようとしても、勉強するようにはなりません。

勉強する習慣がついている子どもの共通点は、「ぼくはやればできる子」という肯定的な自己イメージを持っていることなのです。

そしてこの「肯定的な自己イメージ」を形づくっていくのが、親や先生からのポジティヴな言葉がけです。

「あなたはできるのよ」という「ポジティヴな呪文」は、この肯定的な自己イメージの形成に役立ちます。

「あなたは本当はできるの。お母さんは知っているわ」

そうくり返し伝えることで、勉強に前向きになっていけるのです。

そもそも、男の子はコツコツ勉強するのが苦手です。脳の研究で、最近わかってきたのが、男の子の脳には、「落ち着きがない」「反抗したがる」「一番になりたがる」「戦いごっこやじゃれあいが好き」といった特徴が生まれつきプログラミングされていることです。

一方の女の子の脳は、人に言われたことを素直に受け入れ、真似ることでマスターするようにプログラミングされています。漢字を書き順に沿ってお手本通りに書いたり、黒板を先生に言われた通りに写したりするのも、手先が不器用で動き回るのが好きな男の子には苦痛ですが、女の子にはお手のものです。

でも、みなさんの周囲にもいませんか？　中学校の2年くらいまでは、まったく勉強せず遊んでばかりいたのに、中2の途中くらいからグンと成績があがり、一流大学に合格した男の子が。

実は、思春期になると男の子の脳にはドーパミンというホルモンが多量に分泌されるようになり、これが集中力や意欲の上昇につながっていきます。高校受験を控えて、「そろそろ勉強しないとマズイ」という状況に追い込まれた男の子が、ようやく集中して勉強に取り組み始めるのは、このホルモンのなせる業なのです。

しかし、すべての男の子がそうなるわけではありません。いくらドーパミンが分泌されても、勉強する気になれないままの男の子もいます。

では、将来伸びる子、伸びない子の差は、どうやって生まれるのでしょうか。

ここで大きな違いを生むのが「ポジティヴな自己イメージ」の有無なのです。

親御さんが心から「あなたはやる気を出せば、本当はできる子なんだよ」と信じてお子さんに言い続けると、お子さんの潜在意識に「ぼくは本当はできる子」とプログラミングされます。すると、悪い成績をとったときには、「僕は本当はこんなもんじゃない！」と脳のはたらきが活性化し、奮起するので、その結果成績は上位に安定しがちになります。逆に親から「あんた、本当にバカね」と言われ続けた子は、せっかくたまにいい成績をとっても「これはまぐれ」としか受けとらないので、成績は下位に定着してしまうのです。

勉強の習慣がつく4つのポイント

勉強の習慣が身についていないのに、小学校高学年や中学生になってから、親がいきなり「勉強しなさい」とどやしつけても、効果はありません。

口うるさく「勉強しなさい」と言うだけでは、子どもに勉強の習慣はつきません。むしろ、勉強をきらいになるのが普通です。

では、毎日少しずつでも勉強する習慣を身につけさせるためにはどうすればいいのでしょうか。ポイントは次の4つです。

①勉強時間、勉強量のハードルを下げる

お子さんがゲームをしていたり、お笑い番組やアニメをTVで見るたびに、「そんなことするひまがあったら、勉強しなさい。勉強！」と叱りつけてしまうお母さんがいます。

けれども、勉強する習慣がついていない子どもに、いきなり長時間の勉強は無理というもの。親御さんが**「最低限、これだけは勉強してほしい」と思うハードルをグッと下げる必要があります。**

低学年のうちは、学校から毎日出る宿題をこなしているのであれば、もうそれだけでじゅうぶんだと私は思います。

②遊びのあとに勉強する

男の子は、「遊びたい」「これがしたい」といったん思い始めるとなかなか気持ちを切り替えることができません。お母さんから見ると、学校から帰ってまず宿題を終わらせてから遊びに行くのが理想ですが、遊びたくてウズウズモードに入っている男の子に、「勉強しなさい」と言っても馬耳東風。むしろ、**遊びや習い事から戻ったあと、好きなテレビ番組が始まるまでの10分、20分の時間を、勉強時間にあてるようにしましょう。**「遊びから戻ったら、まず、15分だけ勉強」というリズムを身につけさせるのです。

③リビングで親がいっしょに勉強するのが一番！

実は、これがお子さんに勉強の習慣をつけさせるための、一番のポイントです。最初からひとりで子ども部屋で机に向かい、勉強できる子なんて、まずいません。「勉強しなさい」と子ども部屋に放り出すのではなく、リビングで途中まで親といっしょに勉強するのが一番の近道です。

「毎日子どもといっしょに勉強なんて、面倒くさい！」と思われた方もいるでしょう。

でも大丈夫。「いっしょに勉強」は最初の10分でじゅうぶんです。

勉強が軌道にのったら、「じゃあ、できたら見せてね」と離れていきましょう。

そして、最後は丸付けをしたり、やったところをチェックしてあげてください。子どものほうも「見てくれるのなら、ちゃんとやらなくちゃ」と心構えが違ってきます。

④問題集は「うすいもの」を選ぶ

やさしい先生が担任になって、学校での宿題が少なくなると親は心配になります。もう少し勉強させたいと、漢字や計算のドリルを買い与えるお母さんもいるでしょう。

その際、大切なのは、ドリルは、「うすいもの」を選ぶことです。「うすいドリル」のほうが1冊丸々やり切ることがたやすいので達成感が味わえ自信がつきます。

リビングで勉強する子は頭がいい

小学生の男の子は、たとえ表面的には強がっていても、実は甘えん坊で寂しがりや。ひとりで自分の部屋で机に向かうなんてできる子はまずいません。

前項でご説明したとおり、**勉強は子ども部屋ではなく、リビングでさせるのが正解です。**思春期に入りプライベートな空間が必要になる14歳くらいまでは、子ども部屋は与えないほうがいいでしょう。

小学生のお子さんとは、リビングでお母さんやお父さんといっしょに勉強する習慣をつけましょう。そうでもしなければ、フラフラと動いたり、集中できないままになってしまう子どもが少なくありません。実際、「リビングで親といっしょに勉強する子のほうが集中力がアップして、成績が上がりやすい」ことがわかっています。「勉強するなら、リビングで」が今どきの子どもの常識なのです。

親もいっしょに勉強する

子どもにリビングで勉強する習慣をつけさせる上で大切なのは、最初の10分は、お母さんやお父さん自身もいっしょに勉強することです。10分経って調子にのれてきたら、自分の仕事をするのでも、本を読むのでもかまいません。

「勉強しなさい、集中しなさい」と言い続けるのではなく、子どものそばで、親もいっしょに勉強をするのです。このほうが、はるかにお子さんに勉強の習慣がつきやすくなります。

男の子はさみしがり屋で落ち着きがありません。お母さん、お父さんが別の場所で他のことをしていると、すぐに集中力が途切れて他のことをしはじめてしまいます。リビングで勉強するお子さんのとなりにお母さんがいて、自分の仕事をしていたり、家計簿をつけたりしているのが、男の子にとって一番落ち着いて勉強できる状態なのです。

親が子どもの前で読書する習慣があると、子どもの成績が上がりやすいというデータもあります。親が日常的に読書をすることで「勉強は当たり前」という雰囲気を家庭の中につくっていくのです。

上手に挫折を体験させ、人生の「グレーゾーン」を教えよう

「習い事や塾をやめたいと子どもが言っているのですが、どうしたものでしょうか?」という相談をよく受けます。

私の答えは「2、3回背中を押してがんばらせて、それでもダメだったら、それ以上無理強いせずにやめさせてあげてください」です。塾や習い事で小さな失敗を乗り越えて成功体験を積むことができれば大きな自信につながりますが、もうギブアップしているのに、無理にがんばらされ続けると、心に大きな傷を残し、「もう絶対塾にも習い事にも行かない」とお子さんが心を閉ざしてしまいかねないからです。

不登校や引きこもりが男の子に多いのは、男の子はプライドが高い上に、傷つきやすいからです。「自分が一番ではない」と知ることは、世界が崩壊するくらいショックな体験です。

「一番でなければ意味がない」「負けたら終わり」という二者択一的な世界に生きているからこそ、男の子は挫折しやすく、傷つきやすいのです。一番になれるのは、一握りの子ですからね。

もともとそういう性質なのに、親のほうが「野球をやるならレギュラーにならなきゃ」「テストは100点じゃなきゃ」とプレッシャーをかけると、ますます男の子を追い込んでしまいます。

その点、女の子は小さいころから男の子が何かにつけ優遇される場面を目にしてきています。自分の容姿が「かわいい」「かわいくない」で周囲の対応が違ってくることも体験しています。幼くして小さな挫折体験を重ね、「自分は、トップでもビリでもない、グレーゾーンに位置している」ということを学んでいるのです。だからこそ、気を利かせたり、おしゃれをしたり、勉強に励んだりと、グレーゾーンの中でも自分なりに生きていく術（スキル）を身につけていくのです。

ある出版社の社長いわく、「地方出身で東大卒の男ほど、扱いにくいものはない」のだそうです。

地元では、学校でも塾でも一番だったのに、上京して東大に入ってみたら、自分より優秀な人間がたくさんいた。

でも、その現実を受け入れられないままに就職。肥大化したプライドをもてあまして、

「そんな仕事、何で（優秀な）オレがやらなきゃいけないんですか？」

を連発する、上司からすると扱いづらいだけの男になってしまうのです。

お母さんもつい、男の子に対しては、「こうすればうまくいくよ」とあらかじめ正解を教え、レールを敷いて守ってしまいがちです。

けれど、お子さんが大きくなって、お母さんが世話を焼くことができなくなったら、どうなってしまうのでしょうか。

小学校で一番でも、有名中学に進めば一番になれるとは限りません。有名大学、一流企業に入れば、なおさらでしょう。**どこかで傷つき「一番ではない自分」「まっ白ではなく、グレーな自分」を受け入れなくてはいけません。**

精神分析学者のカーンバーグによれば、「心の成熟とはあきらめによってもたらされるもの」なのです。

そういう意味では、ビジネス本や自己啓発本ばかり読みあさり、「自分が一番」であることに固執するのは、その人の心が未成熟で子どもだましの説得にひっかかりやすいだけなのかもしれません。

「これはアイツに勝てるけれど、これはアイツには勝てない。でも、自分はダメな人間じゃない」

と、そこそこの自分を受け入れられるように、男の子は小さいうちから、小さな挫折を少しずつ体験していくほうがベターです。

たとえば、お子さんが中学受験を望んだら、成績順にクラス編成されている進学塾に入ることが多いと思います。そこでお子さんは、学校で少し成績が良かったからといっても、塾では一番になれないという現実と自ずと向き合わざるをえなくなるのです。

肝心なのはこのあとです。

「ボク、もう、塾には行きたくない」「だって成績が上がらないんだもん」とお子さんが言い始めたとしましょう。

そんなときは、「そうか、行きたくないんだ。でも、もうちょっとだけがんばってみようか」と、2~3回だけ背中を押してあげてください。「習い事に行きたくない」と言い始めたときも同じです。

「じゃあやめようか」とすぐに承諾したり、逆に、いつまでも親がこだわり続け、「すぐに挫折するなんて情けない。男の子でしょ。がんばれ!」とお尻を叩き続けるのはやめにしましょう。「できる範囲でがんばってみようか」と、お子さんを無理なく励ましてほしいのです。

「どうして行きたくないの?」と聞いてお子さんの気持ちを理解し、「何かいい解決方法はないかな?」といっしょに考えて、「もう少しだけ、チャレンジしてみようか?」と背中をやさしく押してあげましょう。

勉強や習い事を続けていると、途中で力が伸びなくなったり、飽きて練習がつまらなくなったりと、さまざまな困難が立ちはだかります。しかし、困難がつきまとうのは、仕事でも恋愛でも結婚でも同じこと。そんなときにどうやってねばったり、乗り越えたりするかを学ぶことに、勉強や習い事をする大きな意味があるのです。

ひとつでも得意なスポーツを身につけさせよう

男の子にとってスポーツができるかどうかは、自信を育むうえで大きな意味を持っています。どの運動もうまくできないと、「ボクは何をやってもダメなんだ」と自信を失ってしまいがちです。

いくら勉強ができて絵を描くのが得意でも、運動が苦手だと「男としての自分」に自信を持てなくなりやすいのです。できれば「これだけは、ボクも得意」というスポーツを一つでも見つけてあげましょう。

私自身は、バレーボールなどの球技はまったくダメ。失敗すると友だちからからかわれ、心はズタズタでしたが、かけっこだけは早くて、スレスレのところで、何とかプライドを維持できていました。

あまり運動神経がよくない男の子には、自分のミスでチームに迷惑をかけてしまう野球、サッカー、バスケットボールなどの団体競技よりも、ミスしても周りに迷惑をかけずにすむため、強いプレッシャーを感じずにすむ個人競技――剣道、空手、柔道、陸上、水泳、テニスなどがおすすめです。新しい技術を一つ身につけた、タイムが少しだけ早くなった、という自分なりの成長を少しずつでも実感できることが、大きな自信につながっていきます。

サッカーや野球、バスケットボールなどの花形団体競技は、失敗にメゲないタイプの男の子にはおすすめですが、プレッシャーに弱い子には向きません。

中学受験に向かない男の子のタイプ

小学校3、4年生になると、進学塾から「公開模試」のダイレクトメールが届きます。

「受験を本気で考えているわけではないけれど、ちょっと腕試しで受けさせてみよう。もしかしたら、けっこういい線いくかもしれないし。……あら？　うちの子、全然できないわ。このままじゃ、有名校どころか、中堅以下の中学も厳しいレベルじゃない！　公立に行っても落ちこぼれそうだし……。とりあえず、塾に行かせなくちゃ！」

お母さんの気持ちの移り変わりは、こんな感じではないでしょうか？　実際、こうして入塾を即決してしまうご家庭は多いのです。

でも、ちょっと冷静になりましょう。

こうした親の焦りから、子どもの気持ちもよく聞かずに中学受験をさせようとするのは、とても危険です。男の子のなかには、明らかに中学受験に向かないタイプの子がいるからです。

あなたのお子さんが、負けん気は強いけれども傷つきやすく、打たれ弱いタイプの場合には、中学受験は控えたほうが賢明かもしれません。

たとえば、聞けば誰もがうらやむ難関私立中学校に受かったツトムくん。小学校のときは、誰をも寄せつけないトップの座に君臨していましたが、難関中学に入ると、いくらがんばっても成績は中の下止まり。「ボクは自分のことを、ダイヤモンドだと思ってた。でも、実は石ころだったんだ」と言います。「オレってこの程度の人間だったんだ……」とすっかり落ち込み、自信を失ってしまったツトムくんは、不登校になってしまったのです。

これまでずっとトップだったのが「上には上がいる」現実にはじめて直面したのですから、一時的に落ち込むのは当然です。でも、肝心なのはそのあとです。「けっこうきびしいなあ」「でも難関校の中の下なんだからまだいいほうか……」と現実を受け入れて、立ち直る「打たれ強さ」が問われるのです。

実は、このような例は決して少なくありません。

東京都中学校長会が都内の全公立中651校を対象に行った調査では、私立中から転入学してきた生徒は02年度が259人、03年度は331人、04年度は359人。いじめや不登校が理由で退学したのは、全体の約45％にものぼっています。

私学で不登校になっても、公立校に転入してすんなりなじむことができればいいのですが、現実には、プライドが邪魔して公立への転入組にはその後も不登校が続くケースが少なくありません。

「公立なんてオレのいるべき場所じゃない」「あんなに勉強したのに、なんでオレが公立に行かなきゃいけないんだ」という挫折感から学校に行けなくなり、高校も低いランクのところにしか受からず、さらに傷ついて高校中退……という「自信喪失のスパイラル」にはまってしまうのです。私はこのような相談をたくさん受けてきました。

ここに中学受験に向いていない男の子の特徴を、あげてみました。3つ以上当てはまる場合には、考え直してみてください。

【中学受験に向いていない子の特徴10】

①新しいことにチャレンジしたがらない
②完ぺき主義のところがある
③ちょっとからかっただけで、本気になって怒ったり泣いたりする
④悪い点数が続くと、すぐやる気を失う
⑤ささいな失敗で、大きく落ち込む
⑥塾や習い事などで、すぐ「行きたくない」と言い始める
⑦遊びやゲームで、勝てる勝負しかしたがらない
⑧思い込みが激しい
⑨友達と遊ぶより、家でゲームをしているほうが好き
⑩口下手で、つらいことがあっても話したがらない

男の子を伸ばす私立中学校の選び方

私立中学受験で重要になってくるのが、学校選びです。私がアドバイスしたいのは、次の２点です。

①打たれ弱い性格の子の場合、実力よりも少し低いランクの学校を選ぶ

打たれ弱くて自信を失いやすい男の子は、たとえ少し背伸びをして難関校に合格できたとしても、入学後、自分の実力が判明すると、「こんなハズじゃなかった……」と落ち込んで不登校になってしまうことがよくあります。「うちの子は性格的に打たれ弱いところがあるけれど、中学受験はぜひさせたい」と考えているのなら、あえて実力より少し低めの学校を選んで、そんなに無理しなくてもついていける学校に行かせるのも、選択肢の一つでしょう。

②先生たちの仲がいい学校を選ぶ

学校に行ったら、職員室をのぞいてみてください。先生たちが和気あいあいと楽しく会話している学校は、総じて子どもたちもいきいきしています。問題が起きたときでも学校が一丸となって対処に当たってくれます。

一般に、教師の異動がない私立では人間関係の派閥ができやすく、いったんそうなってしまうと、学校の雰囲気が悪くなってしまいがちです。先生同士の緊張した関係が子どもたちにも伝染し、ピリピリしたムードになってしまうのです。

思春期に入った男の子の心の中は、ただでさえ大人に対する反抗心に満ちています。そんなときに、先生同士で悪口を言い合っている様子を目にすると、「大人って、バッカじゃねえの」という態度が露骨に現れてしまいます。

女の子は、そういう先生とも適当に付き合える処世術を身につけていますが、男の子は大人への不信感から、勉強へのやる気が損なわれるケースがあります。

学校選択の際、カリキュラムを調べることももちろん大切ですが、それ以上に先生方自身が仲良くイキイキしているかどうかも重要なポイントなのです。

中高一貫校のメリット、デメリット

私立や公立の中高一貫校で学ぶメリットは少なくありません。

「6年間を通じて同じ仲間と過ごすことができ、人間関係を深められる」

「14～15歳という、人生で最も心が不安定な時期に受験を経験せずにすむ」

「その学校の理念に即した濃密な教育を受けることができる」

私立の場合、その学校の教育理念に沿った教員を集めて、6年間、一貫したポリシーで生徒を育てることができます。校長に教員の選択権がない公立にはこれができません。

また、私立には、その学校の教育理念に賛同した保護者の子どもが集まってきますので、同質性が高まります。公立のように「どんな子がいるかわからない学校」にはなりにくいのです。

けれども、次のような点がデメリットになることもあります。

●中・高でリセットできない

高校受験をする場合、中学校でいじめられていたり、友だちに恵まれなかったりしていても、高校に進んで周囲の顔ぶれが変わったとたん、自分のキャラクターを一新して「高校デビュー」し、急にイキイキし始めることはよくあります。15歳での受験はたしかにストレスフルですが、「人間関係のリセット」のいいチャンスでもあるのです。

中高一貫校では、6年間同じメンバーで過ごすためにこのリセットが難しくなります。

●多様な人たちとのコミュニケーション能力を磨く機会が減る

社会に出て必要になるのは、会社の同僚や上司とうまくつきあう、初めて出会う取引先やお客さんと関係を結ぶ、といった「多様な人との人間関係を築く力」です。

一般の公立中学のいいところは、何と言ってもこの「実に多様な、さまざまなタイプの友人とつきあっていく体験」ができることです。公立中学の生徒は、勉強がすごくできる子から苦手な子まで、裕福な家庭の子から貧乏な家庭の子どもまでと、実に多種多様でまさに「実社会の縮図」です。

これに対して、私立には、同程度の学力で、同タイプの子どもが集まりやすくなります。この「同質性の高さ」が私立の大きな魅力であり、安心のもとでもあるのですが、逆に見れば、公立中で体験できる多種多様な人とかかわるチャンスを失ってしまうことにつながるわけです。

ホームパーティでキャリア教育

小学校から中学、高校、大学まで、どの学校段階でも、子どもたちの将来設計を支援するキャリア教育がますますさかんになりつつあります。学校での職場訪問体験学習のカリキュラムもかなり充実してきましたし、「キッザニア」などエンターテインメント性の高い民間の施設も登場しています。

しかし、実はキャリア教育の原点は家庭にあります。具体的には、ホームパーティを開くなどして、多様な仕事をしている人を、親御さんの友人として家に招き入れ、お子さんとふれあう機会をつくってほしいのです。

いろいろな仕事をしている魅力ある大人と直接話したりふれあったりすることで、子どもたちは大きな刺激を受けます。

特別仕事のことを話題にしなくてもかまいません。ご家庭にいろいろな友だちを招いて、お子さんと接してもらっていると、自然と大人の世界、仕事の世界の話になり、仕事をすることへの興味がはぐくまれていくはずです。

お子さんに「何になりたいの？」などと、無理に将来したいことを聞き出そうとはしないでください。小学生の男の子で、もうなりたい職業が決まっている子など、ごくまれです。

しかし、いずれかの時点で、お子さんが「自分の人生でしたいこと」を見つけることができたら、それを全力で応援してあげてください。せっかく芽生えたお子さんの「夢」を押しつぶすようなことは決してされないように。

たとえば、獣医になるためにA大学を志望したお子さんが、たとえ東大に合格できるぐらいの高い偏差値の持ち主だったとしても、「偏差値」ばかりに気をとられて「せっかくなんだから、東大行きなさい」などとは言わないようにしてほしいのです。

「～になりたい」という子どもの純粋な気持ちを大切にうけとめて、応援してあげてください。お子さんが「自分の生きたい人生」「なりたい自分」に向かって歩んでいくプロセスを応援し支えてあげるのが、親の務めのはずです。

第４章

「コミュニケーション力」を磨いて「デキる男」に育てよう

男の子のコミュニケーション能力は幼少期から育てる

「東大に入るより、恋人を作るほうが難しそうな子がいますね。コミュニケーション能力に問題があるんです」

これは、東大合格者上位10校に入る名門私立男子中学・高等学校の校長先生の言葉です。エリート養成校といわれる学校でも、最近の男の子のコミュニケーション能力の低さが大きな問題になっています。

実際、私が教えている大学でも、授業中、質問しても黙って下を向いたまま「わかりません」とも言えない男子学生がいます。こちらがしびれを切らして別の学生に質問するまで、黙って下を向き続けるのです。

コミュニケーション能力は、就職や結婚を考える時期になったからといって、

一朝一夕に身につくものではありません。子どものころからの積み重ねがモノをいいます。

仕事をするにも、女性を口説くにも、一筋縄ではいかない相手にあの手この手を使ってこちらの意図を伝え、失敗を重ねながらも説得を試みる勇気が必要です。

親御さんにできるのは、お子さんが他者とのコミュニケーションをおこなっていく機会をつくっていくことです。

「話をしっかり聴いてくれる親」が会話能力を伸ばす

男の子は、言葉を司る左脳が女の子よりゆっくり発達します。多少言葉が遅くても、焦らずゆっくり見守ってあげましょう。

けれども成長を待つ以外にも、親にできることはいくつもあります。

それは、「親は自分の話をていねいに、いつも聴いてくれるんだ」とお子さんが思えるコミュニケーションを、お子さんとの間でおこなっていくことです。

コミュニケーション能力が育っていくためには、集団の中に入り、ときには傷つくことはあっても人と一緒に仕事をしていける。問題が起きても好きな女性と何とか乗り越えていける。そんなふうに人と関わることを面倒がらずに続けていく必要があります。

親御さんにできるのはそのための土台づくり。

「コミュニケーションは楽しい」

「人と話をすることって楽しい」

そんな感情の土台を、お子さんの心の中にしっかりとはぐくんでいってあげましょう。

でも実際は、コミュニケーションの土台をつくるどころか、コミュニケーションぎらいな子に育てていくような会話のほうがひんぱんになされているのではないでしょうか。

お母さんと男の子の間のよくある会話をみてみましょう。

「今日、学校どうだった？」

「んー」

「どうだったのよ？」

「……おもしろかった」

「何が？」

「何がって……忘れた」

「忘れた⁉　そんなことあるわけないでしょ！」

「だって……」

「もうっ、いつもはっきりしないんだから。もっとはっきり言いなさい‼」

どうですか？　このような会話、男の子をもつお母さんなら、何度も経験があるのではないでしょうか。

男の子の話は、とにかくわかりにくい。だからといって、このような会話で責め立ててしまうと、子どもは話す気力を失ってしまいます。お母さんの何気ない口ぐせが、男の子を「会話恐怖症」にしていることがあるのです。

次のようなことを、息子さんにしてしまっていませんか？

・「それで？」「だから？」と質問攻めにする
・はっきりしない説明にたまりかねて、「それって、こういうことなんでしょ」と先に結論を言ってしまう
・「はっきり言いなさいよ」「それで、何が言いたいの？」と追いつめる

「幼稚園や学校での様子が知りたい」「息子と楽しくおしゃべりしたい」と思う

お母さんの気持ちはわかります。

でも、もともと話すのが苦手なのに、追い討ちをかけるように質問攻めにするのは、ニンジンが食べられない子の口に、無理やりニンジンを押し込むようなもの。

お子さんはお子さんなりに一生懸命話そうとしているのに、文句を言われてしまっては、話す気力も失せてしまいます。お子さんを追いつめる言葉が口ぐせになっていないか、振り返ってみてください。

「聴き上手な親」になろう

家事で忙しいからと、お子さんの話をてきとうに聞き流してしまっていることはありませんか？

「練習がキツい？　そんな泣き言を言うならやめちゃいなさい。お母さんはテニス部だったけど、けっこうつらい練習にも耐えてがんばったのよ」などと、自分の気持ちばかり先走ってしまうお母さんも少なくありません。

男の子のコミュニケーション力を育てるうえで大切なのは、親御さんが「何を話すか」ではなく「どう聴くか」です。

「ちゃんと聴いてもらえた」という経験が自信となるため、話すのをおっくうがらない子どもになり、自然と話し上手になっていくのです。

また、親御さんからきちんと話を聴いてもらえた男の子は聴き上手になっていきます。話を聴いてもらえるのがうれしいことだと、自分の経験から知っているからです。

●子どもより多く話さない

お子さんに「学校どうだった？」「お友だちと何して遊んだ？」と聞くのは、とてもいいことです。でも、多くの親御さんはそのあとがいけません。お子さんの返事が期待通りでないと、つい説教してしまいます。

肝心なのは、お子さんの話に対して、どう返していくか。あくまで会話の主役は子どもであると肝に銘じて、「教えたい気持ち」は脇に置いておきましょう。

●子どもが話しかけてきたら、その場ですぐ聴く

親が「いま忙しいからあとで聴くね」という姿勢では、子どもの話したい気持ちは失せてしまいます。

「今日、こんなことがあった」的な話は、「へー、そんなことがあったんだー」と家事などをしながらその場で聴いてあげましょう。ただし、大事な話のときは手を止めて聴くことに専念します。ここできとうに聞き流してしまうと、「せっかく大事なことを話しても親は聴いてくれない」とあきらめモードが身についてしまいます。

●お子さんの言葉をていねいに「伝え返す」

お子さんが話した言葉をていねいに「伝え返す」のは、「リフレクション」と言って、代表的な心理カウンセリングの技法の一つです。どんな気持ちで話しているのかとらえて、「〇〇だったのかな？」と伝え返していくことで、お子さんは「自分のことをわかってもらえた」と感じて、信頼感を築いていくことができます。

そんなこと、簡単だと思えるかもしれません。けれどもこれがやってみるとけっこう難しい。しかしこれを積み重ねていかないと、「良くわかってもらえた」と感じてもらうことはできません。

たとえば、「今日のサッカー、全然シュートが入らなかったんだ……」とお子さんがくやしそうに口にしたとしましょう。あなたはなんと答えますか？

「がんばらなきゃうまくなるわけないわよ。とにかく、練習しなさい、練習を。中途半端にやるならやめたほうがマシよ」

などと言ってしまっていませんか？

お子さんは、この母親にはわかってもらえないという絶望に近い気持ちを抱いて、心を閉ざしてしまうでしょう。

練習しなければならないことは、誰よりもお子さん自身がわかっていること。それでも、落ち込んだ気持ちをお母さんにわかってほしくて言っているのです。

こういうときは、

「そうなんだ、全然シュートが入らなかったんだ。くやしいね……」

とお子さんのくやしい気持ちをいっしょに感じて、それを言葉にしてあげましょう。お子さんは、「お母さんは、わかってくれる」と感じて、心を開き始めるでしょう。

●うなずく

お子さんの話を聴きながら、ていねいにうなずいてあげましょう。うなずきは、「ちゃんとあなたの話を聴いていますよ」というサインです。お子さんがつらかった体験など、大切なことを話してくれているときは、目を見ながらしっかりうなずいてあげましょう。

ささいなようですが、うなずき一つで、もっと話したくなったり、それ以上話す気力が失せたりするものなのです。

うなずきにはお子さんを受け入れる「温かさ」を感じさせる力があります。お母さんとお父さんが熱心にうなずいて聴いてくれていると、お子さんは、自分のすべてが温かく迎え入れられたような気持ちになっていくのです。

●あいづちを声に出す

「うん、うん」「そうなんだ」と、あいづちを声に出してあげると、お子さんは「ちゃんと聴いてもらえている」と感じることができます。「うんうん」「あーそうなんだ」とあいづちをうつことで、お子さんに「あなたの話を聴いていますよ」という姿勢を伝えていきしょう。

「クラスの人気者」の共通点は？

いま、クラスで一番人気のある男の子は、どんな子だと思いますか？「足が速い」「スポーツマン」「頭がいい」と答えたあなたは、残念ながら時計の針が昭和で止まっているようです。すでに80年代半ばから、クラスで一番の人気者と言えば「面白い子」「冗談でみんなを笑わせることのできる子」です。実際、小中学校の部活にも「お笑い部」「お笑い同好会」が続々と誕生していますし、ダウンタウンらを輩出したNSC（吉本総合芸能学院）では「ジュニアコース」が登場し人気を博しています。

この背景には、お笑いタレントが主役となるバラエティ番組がお茶の間で人気を博す日本の大衆文化が大きな影響を与えています。「面白いことが言える」「笑いがとれる」「喋りがうまい」男の子は人気者となり、自信も持つことができます。たとえ成績がいまひとつでも、スポーツができなくても、お喋りがうまい子は自分に自信が持てる時代なのです。

お喋りのうまさは仕事の武器にもなりますし、喋りに自信があればたとえフラれても女性を口説くことを恐れません。

また、お笑い番組のいいところは、自ら喋りまくる人だけが、人気があるわけではないところです。元お笑い芸人で、現在はお笑いの手法を取り入れたコミュニケーション・プロデューサーとして活躍している夏川立也さんは、笑わせ方のタイプを次の5つに分類しています。

①しゃべくり漫談タイプ……自分の周囲に起こった出来事を、面白おかしく仲間に伝えることができる人

②ボケ芸人タイプ……自分の容姿や失敗をネタに、笑いを生み出すことができる

人

③一発芸タイプ……優れた観察力でモノマネを取り入れたり、独自の感性で一発芸を編み出したりして、場を盛り上げられる人

④ツッコミ芸人タイプ……ちょっとした話に、誰もすぐには言葉にできないようなツッコミを入れることで会話が弾む人

⑤環境作りタイプ……自分で笑いをとるのではなく、相手をほめたり、笑い声や笑顔で周囲を和ませたりできる人

このように、お笑い番組を見ることは、人を楽しませるための、自分なりの身の処し方を発見するヒントにもなるのです。

「この芸人さん、地味だけど相方をノセるのうまいよね」

「自分の容姿をネタにできるのは、自分自身をしっかりもってるからだよね」

などと、テレビを見ながらお子さんに話をふってみてもいいですね。

お子さんといっしょに見るお笑い番組は、みんながあたたかい雰囲気になれる番組を選ぶといいでしょう。特定のタレントを「いじる」ことで笑いをとるバラエティ番組は避けたいものです。

お子さんが「いじり系」のバラエティ番組を見はじめた場合、ただやみくもにやめさせるのでなく、それを反面教師として学習の機会に変えることも一案です。

「こんなふうにいじられてる人は、どんな気持ちだろうね」

「こんなふうにされると、すごく傷ついちゃうだろうね」

などと、番組を見ながら話題にすることで、TV番組でおこなわれている「いじり」を現実に行ってしまうと、誰かをひどく傷つけてしまう「いじめ」になってしまうことに気づかせたいものです。

第5章

「遊び」が
人生のすべてを
教えてくれる

「遊び」から男の子のすべての力が生まれる

子育てに大変役に立つアドラー心理学では、男の子が幸福な人生を生きていくには、次の3つの力が必要になっていくと考えています。

①仕事をし、世の中の役に立つ能力
②友だちや仲間をつくる能力
③異性と良好な関係を築き、恋愛し、結婚する能力

しかし、この3つの能力すべてを身につけるのは、現代社会においては至難の業です。

いい大学に入って、いい会社に入れば一生安泰。一流企業にいれば、奥さんは

専業主婦で黙って子どもの面倒をみてくれる、という時代ではありません。勉強や仕事も生きていくのに困らない程度にでき、コミュニケーション能力を駆使して友だちや恋人を作る……。いつの時代も幸福な人生を生きていくのに必要なこうした力をしっかり育てておく必要があるのです。

そこで、大切になってくるのが男の子の「遊び」です。

真剣に遊ぶには、身体や頭をとことん使う必要があります。また友だちとうまくやっていきながら協力する能力も必要になってきます。

①仕事や恋愛の基礎となる「コミュニケーション能力」
②自分の好きなことに無我夢中でとりくんでいく「無我夢中力（集中力）」
③どうすれば難局を乗り切れるかを考える「発想力」や「問題解決力」

幸福な人生を生きていく上で必要となるこれらの力を、「遊び」によっていくつも身につけていくことができるのです。

「息子はいつも遊んでばかりいる」というお母さんは、どうかそのまま思う存分遊ばせてあげてください。「思う存分遊ぶ力」は後に、「思う存分仕事をする力」に育っていきます。

「息子は友だちと遊ぶときもゲームばかりして……」というお母さんは、少しハードルを下げてください。同じゲームをするのでも、ひとりでゲームをするのと、みんなでやりとりしながらゲームするのでは、コミュニケーション能力の育ちに大きな違いが生まれてきます。

男の子のバカバカしい遊びが「発想力」を生む

男の子の遊びには、お母さんから見ると、バカバカしいとしか思えないものがたくさんあります。ダンゴ虫をどっちがたくさんポケットに詰められるか友だちと競争する、鬼ごっこの範囲と人数がどんどん拡大して30人くらいで学校の周りを走り回る、ブランコからいかに面白いカッコで飛び降りるかを競うなど、本当にため息が出るくらい、くだらないことばかりしています。

でも、実はこれ、とても喜ばしいことなんです。**バカバカしい遊びの経験は、男の子が大人になって仕事をしていくうえで大きな武器となる「発想力」をはぐくみます。**

たとえば、以前にヒットした、口の中に入れると途中から味が変わり、一粒で二度美味しいキャンディー。開発者の男性は、「子どものころ、いろんな味のアメをいっぺんに食べたくて、いくつも口に放り込んだのが、開発のきっかけになりました」と語っています。いかにも、お母さんに「一つずつ食べなさい！」と怒られそうなことですよね。

このように「こうすれば楽しい」「こんなふうにやってみたい」という遊び心や好奇心が、新しい商品開発のアイディアにつながっていくわけです。

ポケットモンスターの原作者は、小学生時代にオタマジャクシを捕ったり、ザリガニを釣ったりした体験や、中学生になってからインベーダーゲームにハマった体験が、「ポケットモンスター」を思いつくきっかけになったといいます。

また、有名なディスカウントストアのドン・キホーテでは、「スーパーうんち君」と呼ばれる、大きなうんち型のぬいぐるみがバカ売れしているそうです。間違いなく「うんち、おしっこ、オチンチン」が大好きな、「小学生男子の魂」をもった男性の仕事ではないでしょうか。

バカバカしい遊びができるのは、「これ、こうだったら面白いなあ」という「発想力」が育っている証拠です。

じゅうぶんに遊ばなかった男の子は、「言われたことは真面目にやるけれど、自分から『これがやりたい』という企画があがってこない」などと言われる「自由な発想力のない社員」になってしまいかねません。

一人の人間が心から「面白い」「楽しい！」「ワクワクする！」と感じること

は、他の人もやはり「面白い」「楽しい」と感じる可能性が高いわけです。「面白いこと」「楽しいこと」「ワクワクすること」をとことん追求する姿勢が、大きな仕事の背景にはあるのです。

逆に、「面白いこと」「楽しいこと」「ワクワクすること」を禁じられた子どもは、自分が何をしたいかわからず、何にものめり込むことができない無気力な大人になってしまいがちです。「遊んでばかりいないで勉強しなさい！」と言う前に、息子さんにどんな大人になってほしいのか、胸に手を当ててよーく考えてみてください。

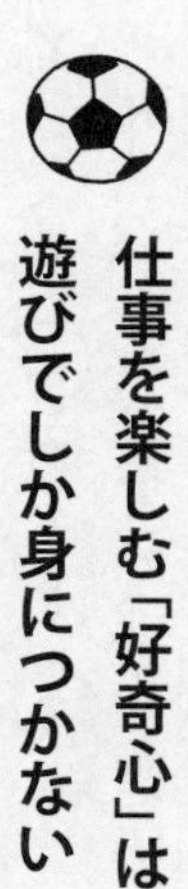

仕事を楽しむ「好奇心」は遊びでしか身につかない

男の子は、面白いことを見つける名人です。

たとえば、女の子であれば見向きもしない、変わった形をした石を見つけて、お友だちと「これ、アンモナイトに似てない？」「いや、カタツムリだよ」などと言い合うこともあるでしょう。

ドッジボールの途中で、「右手だけしか使えなくしようぜ」と1人の男の子が言い出したとたんに、「うわっ、すぐ当たっちゃうじゃん」とギャーギャー騒ぎながら盛り上がりはじめて、最後にはなぜかサッカーになっていることもあるかもしれません。

「これは何なんだろう？」「いつもと違うやり方でやってみたら、どうなるんだろう？」という好奇心が育てば、勉強や仕事の中にも自然と面白さを見つけ出せるようになります。

男の子の好奇心は、いわば勉強や仕事をするうえでのガソリンのようなもの。あふれんばかりの好奇心がモチベーションとなって、一見つまらなそうな仕事でも自分なりに創意工夫して発展させたり、「こっちのやり方のほうが、いいのでは？」と面白さを見つけることができるようになります。それが将来、独創的な創造力（クリエイティヴィティ）の源となっていくのです。

そして、**日本のように一通りのものはすでに出そろってしまった成熟社会においては、この「クリエイティヴィティ」（独創力）がなければ、仕事で勝ち抜いていくことはできないのです。**

何も考えずに「こなす」「覚える」勉強を続けているだけの男の子は、もともとあったはずの好奇心が縮んでいってしまいます。これではもったいない！

「遊び心」が育っていない男の子は、自分が本当は何をしたいのかわからないまま、「とりあえず、入れる会社に入る」ことになりがちです。入社後も、クリエイティヴな提案ができないので、誰でもできる仕事しか任せられなくなってしまいます。独創的な発想力が求められる現代社会では、「つまらない人間」＝「仕事ができない人間」ととらえられてしまいがちなのです。

戦いごっこでさまざまな感覚が育つ

早い子だと2歳頃から小学校3、4年生頃まで、男の子が好きな遊びナンバーワンといえば、何と言っても「戦いごっこ」です。

「長男は興味がないみたいだけれど、次男はいつも刀を振り回している。乱暴な子になってしまわないか心配だわ」というお母さんの声も聞かれます。

けれど、心配ご無用！　戦いごっこが好きなのは、DNAと男性ホルモンのなせるわざです。サルなどの動物も、子どものオスはケンカをして遊ぶことが多いといわれています。

そればかりではありません。

「正義感をもつことはカッコいい」

「力が弱い人は助けてあげなきゃ」

「みんなのためにがんばるのはすごいこと」

といった感覚を、戦いごっこを通して自分の中に取り入れていきます。

また、自由にあこがれの人物になれる戦いごっこは、「自分はやればできる」という自己有能感、「自分は主人公になれる」という主人公感覚をはぐくみます。

東京都立川市の「立川かしの木幼稚園」で戦いごっこについて観察したところ、

・仲間に声をかけてお互いにイメージを共有しながら遊ぶ

・「あっちの敵をいっしょにやっつけよう」と、遊具の柱や鉄棒などを共通の敵に見立てて遊ぶ

・転んで泣く子がいると「怪獣にやられたのか」と仲間で慰める

など、友だちにかかわる能力が育っていくのがわかったようです。また、本気

で叩くと遊びが続かなくなるので手加減するやさしさや、友だちと協力するチームワークなども学んでいくようです。

お母さんは、〝戦いごっこ〟は、「なるべくさせない」、「してほしくない」と思われることが多いようです。

しかし、おそらくみなさんのご主人も子どもの頃は戦いごっこをしていたはずです。そして、ヒーローものから離れる年齢になれば、自然に〝戦いごっこ〟もしなくなっていったはずです。お母さんが神経質になりすぎて、〝戦いごっこ〟を禁じることで、失われていくもののほうがはるかに大きいはずです。

戦いごっこも経験を重ねるうちに必ず手加減を覚えていきます。その時期がくるまで、お母さんが上手にサポートしてあげてください。

女の子とよく遊ぶ男の子は「新しい時代のモテ男」

息子さんが乱暴だと悩むお母さんがいる一方で、うちの息子は、

・戦いごっこに興味がない
・女の子向けのアニメを楽しそうに見ている
・女の子とばかり遊んでいる
・上にお姉ちゃんがいて、面倒を見てくれるので甘えん坊になってしまった

などと心配する声もよく聞きます。「この子、将来一人前の男としてちゃんとやっていけるのかしら？」「男らしくなってほしいから、空手を習わせることにしました」などというお母さんも少なくありません。

でも、そんなお母さんに朗報です。

最も有能な人の多くは、男性性も女性性も高い「両性的」な人なのです。プライドが高く、傷つきやすい「いかにも男らしい男の子」も悪くありませんが、コ

ミュニケーション能力や柔軟性がある「女の子っぽさもあわせ持った男の子」のほうが、むしろ将来有能な人間になりやすいのです。

私の教え子に、ものすごいイケメンというわけではないのに、とても女性にモテる男子学生がいます。彼は極真空手二段なのに、趣味はケーキ作り。女子学生の話によく耳を傾け、みんなで集まるときは手作りのお菓子を持参してくれます。かと思えば、空手の有段者ですからとっさの判断力があり、トラブルが起きたときなどはきちんとリーダーシップを発揮して場を仕切る強さを持っています。

そういうと、「うちの子は両性的じゃなくて女性的。なよなよしてばかりで、男っぽいところなんて一つもないわ」と思われるお母さんもおられると思います。そんなお母さんに伝えたいことは二つ。一つは、幼少期は女の子みたいな男の子であっても、中2から高2くらいにかけて、急にゴツゴツと男くさい男に変わり始める子が多いということ。もう一つは、そうなった後でも、幼い時に持っていた「女の子っぽいやさしさ」は生きていて、「頼りになるけど、気くばりのできる男性」として、高評価を得やすいということです。

大切なのは、男の子の「なよなよ」を決してダメな部分として否定したりしないこと。

「男の子ならこうじゃなきゃ」という固定的なイメージに縛られすぎて、こうした男の子たちのいいところをつぶしてしまってはいけません。

反対に、うちの子はナヨナヨくんだから、空手やサッカーなんかは絶対無理と決めつけて、インドアの遊びばかりをさせるのも正解とはいえません。よくないのは、「うちの子は○○だから……」といった親の「決めつけ」です。これが男の子の可能性を縮めてしまいます。

うちの子は男の子らしさが足りないと感じたら、「空手やサッカーをやらせてみよう」というのはかまいません。

ただ、その際「やる以上は、徹底的にやれ！　そうでなければやめろ」というスパルタ式はおすすめできません。「行きたくない」とダダをこねたら、「そお？もうちょっとだけがんばってみようか？」と2～3度、背中を押してあげてください。女の子との遊びに慣れ切っている男の子は、いきなり男の子ばかりのコミュニティに入れられると、少ししんどいものです。最初は少ししんどくても、お母さんに弱音をはきながらでも、徐々に仲間に入っていけるように上手にサポートしてあげましょう。

子どもは変化し成長する生き物なのです。

内気な男の子は、クリエイティブな力を秘めている

モジモジして言いたいことが言えない。友だちにおもちゃを奪われても自分のだと主張できない。お友だちができない……。そんな内気なお子さんは、簡単に言えば「繊細な子ども」。その繊細さが出やすいのが、友だち関係なのです。強

く出る子にはしたがってしまうし、イヤとは言えないのです。

とくに男の子は、女の子より内気になりやすい条件がそろっています。口が達者な女の子に比べて言葉が遅れがちで、自分の言いたいことをうまく言えない子が多いこと。お母さんが先回りして何でも受け答えしてあげたり、手伝ってあげたりしやすいので、自分から行動を起こして人や物事に働きかけるのが苦手になりやすいこと。

けれども、内気、繊細、引っ込み思案は、決して悪いことではありません。**内気な子は、黙っている時間に自分の内面で対話をしています。何もしていないように見えて、内面のはたらきは豊かに育っていっているのです。**実際、クリエイティブな仕事の第一線で活躍している方には、子どものころ内気だったり、引っ込み思案だったりした人が少なくないのです。

華道家の假屋崎省吾さん、美術家の森村泰昌さん、ミュージシャンの山崎まさよしさん、大リーガーの岩村明憲さん、アテネ五輪で金メダルを獲った体操の米田功さん……。彼らはすべて「幼いころ、自分は内気な子だった」と言っています。いまの活躍ぶりからすると、ちょっと信じられないですよね。

かくいう私も、小学校2年生までは、「場面かんもく」といって、教室に入ると、一言も話せずに固まってしまう子どもでした。今では、毎年、たくさんの講演をして、会場を笑いの渦に包んでいますが……。

内気なタイプの人は、自分の中で浮かんでくるさまざまな考えやイメージを、すぐに外に出さずに、内面にためて熟成させていきます。

だからこそ、絵を描く、文章にする、音楽にとりくむ、といったことを通して自分を表現しようとするのです。ボンヤリしているように見えても、内面の世界はイキイキとしているのです。

男の子は小さいころから「そんなことしちゃ、男の子らしくないよ」、「がんばって。男の子でしょ」と男らしくあることを期待され続けます。そのため、自分自身でも「男は本来強くあるべき」という理想を抱き、そうなれない自分にコンプレックスを抱き始めます。

大切なのは、内気な男の子に「何であなたはそうなの？」「友だちはまだできないの？」などとプレッシャーをかけすぎないこと。子どもは自分が弱いこと、友だちが少ないことをじゅうぶんわかっています。親が追い討ちをかけるようなことをしてはいけません。

「友だちもつくれないボクって、何てダメな子なんだろう」と劣等感を抱かせてしまうと、何をやるにもオドオドした、自信のない子になってしまいかねません。

幼稚園や保育園、学校の先生にもやさしく見守ってもらうようにお願いして、「よくガマンしたね」「○○君は、ひとりで遊ぶのが得意なんだね」と肯定的に認めてあげましょう。

「うちの子は友だちができない。どうして……」とお母さんが心配しすぎると、その不安が子どもにも伝わって、お子さんはよけいに不安になってきます。

お友だちができずに悩んでいるお子さんには、「友だちなんてできなくても大丈夫。お母さんが○○君の一番のお友だちだから」とやさしく声をかけてあげましょう。それが、息子さんの一番の救いになります。

男の子には「集団遊び」をさせる

企業に入社すると、同期の仲間と一方では固い絆を結びながらも業績では競い合う、取引先の人と意気投合しながらも何か問題が生じれば、すぐに関係を切られてしまうなど、キレイ事だけではすまない人間関係が渦巻いています。

「そんな厳しい世の中で、ウチの子はやっていけるの？」と今から心配になってしまうお母さんもおられるかもしれません。

息子さんにできるだけ集団で遊ばせる場をつくってあげてください。

競争が大好きな男の子の友だち関係は、まさに実社会の縮図です。

・ズルをしてでも一番を取ろうとする
・友だちは嫌がっているのに、無理やり自分のほしいカードと交換する
・やりたくないポジションを、他の友だちに押しつける
・本当はイヤだけれど、ときにはリーダーの言いなりになる
・殴り合いのケンカをする

まだ子どもと言えどもお互いに油断ならない関係を築いています。
けれどその一方で、

・友だちが飼っているペットが死んだときは、気をつかって慰める
・共通の敵ができたときは、一致団結して立ち向かう
・仲のいい友だちがいじめられているときは、いじめている子の気持ちがその

子からそれるよう、他の遊びに誘う

といったように、お互いに励まし合い、助け合うこともしばしばあります。状況に応じて、自分のエゴを通すときもあれば、相手を思いやることもある。たとえ負けても、自分の力が及ばなければ潔くあきらめる。目的を達成するためなら、気に食わないヤツとも手を組む。そんな**清濁あわせのむコミュニケーションを、子どもたちは友だちとの集団遊びで身につけていくのです。**

集団遊びの経験が少ない男の子は、塾や習い事など、一つの目標に向かってお互いに切磋琢磨する、教科書通りの関係しか学べなくなってしまいます。そのまま実社会に出ると、「正論ばかり吐いて、使えないヤツ」と、人間関係の機微がわからずに、仕事ができない人というレッテルを貼られてしまいます。

学力以上に、いまは「人間関係力」が求められている時代です。友だちとうんと遊ばせることも、人間関係力の貴重なトレーニングの機会なのです。

ゲームは「全面禁止」より「ルール」を守らせる

テレビゲーム、スマホゲーム、オンラインゲーム、カードゲーム、ゲームセンターｅｔｃ……。これらはどれも大人の遊び顔負けのお金がかかりますし、カードゲームなどはレアなカードをめぐって取った、取られたなどと、トラブルのもとになりがちです。

しかし、これらは男の子にとって大切なコミュニケーションツールの一つ。こうした遊びを一切禁止されてしまうと、その子は、友だちの輪からはじかれてしまうことになるので、私は全面禁止には賛成しません。

とはいえ、ゲームし放題では困ります。お子さんと相談してルールを決め、それを守らせていくようにしましょう。

ゲームは、ハマると依存性が高く、抜け出せなくなってしまいがちです。際限なくやっているうちに、自分でもどうにも止まらなくなってしまうのです。

約束の10分前に声をかけてもやめられないことが何度か続き、のめりこみすぎている、といった場合には、一時的に一週間ほど取り上げるのも効果的です。

また、ある調査では就寝前2時間のテレビ、ゲーム、インターネットなどを禁止したら、寝起きの悪さや学校での落ち着きのなさ、集中して勉強できない、などの問題が急に少なくなったと言われています。これは、就寝間近にテレビゲームなどをすると、脳が興奮したまま床に入ることになってしまうため、睡眠の質が下がるからだと考えられます。学習への集中力や行動の落ち着きのなさなどに大きな影響が出てしまうのです。

ちなみに、ベネッセが２００７年におこなった会員４８６人に対するアンケートでは、ゲームをする時間は、小学校入学前では「ほとんどしない」が34％と最も多くなっています。それが、小学生ではどの学年でも「1時間以内」が最も多くなり、「2時間以内」も増えてきます。そして、中学生以上になると「2時間以内」は小学校高学年とほぼ変わらないものの、「ほとんどしない」が増えてきます。つまり、部活や勉強など打ち込めるものが見つかれば、ゲーム時間は自ずと減っていくのです。

ゲームも悪くないけれど、ゲームよりも面白いことがあるとお子さんが気づくことができるように、お友だちと遊ばせたり、キャンプに連れ出したりと、さまざまな経験の機会をつくってあげましょう。

もしも、わが子がいじめられていたら

ひそひそ話や仲間はずれなどが多いのが、女の子のいじめ。男の子のいじめも集団で行われることが多い点ではいっしょですが、①身体的暴力や暴言が多い、②金銭がらみが多い、③遊びといじめの境い目があいまい、といった点が大きな特徴です。

お子さんの衣服や持ち物、お金の使い方などに気を配っておくのはもちろん、様子がいつもと違うと感じたら、問い詰めるのではなく、「最近、学校ではどうなの?」とさりげなく声をかけてみましょう。お母さんとの間に、「つらい時はつらいと言っていい」「確実に受け止めてもらえる」という信頼感があれば、お子さんは、いじめられてつらい気持ちを打ち明けてくれるはずです。

そんなとき、親御さんは次の4つの言葉は絶対に言ってはいけません。

「あなたにも悪いところがあるでしょ」
「あなたがガマンすればいいことでしょ」
「あなたが気にしないようにすればいいのよ」
「男の子のくせに、情けない。やり返してきなさい」

いじめられている子は、心が傷つき、すっかり自信を失っています。「ぼくはいじめられるダメな子」と自己否定的な気持ちにひたってしまっているのです。

そんなとき、ふだんから男の子は、弱音を吐くものではないという教育を受けてしまっていると、ますます口を閉ざしてしまいます。「弱い自分を知られるのが恥ずかしい」「親の期待に応えられない自分がイヤ」と、誰にも相談できなくなってしまうのです。

実際、自殺者の約7割が男性です。「男だから耐えなくては」という意識が、周囲の人に弱音を吐いたり、助けを求めたりするのを妨げてしまうのです。そして、ついにガマンしきれなくなって心がポキンと折れたとき、うつ病になって学校や会社に行けなくなったり、自ら命を絶ったりしてしまうのです。

まだ子どもとはいえ、男の子はこうした心の硬さ、不器用さ、弱さを抱えています。**自分がいじめられていることを息子さんが話してくれたときは、よほど勇気をふり絞って教えてくれたのだと思いましょう。**

「話してくれてありがとう。ありがとうね」

「悪いのはいじめている子のほう。あなたは全然悪くないよ。よくがんばって耐えたね」

こんなふうに、はっきり口に出して伝えて、傷ついているお子さんの心を守ってあげなくてはいけません。

学校に対して「物わかりのいい親」になりすぎない

では、親御さんとしてお子さんがいじめられていることに気づいたとき、幼稚園や学校にどうかかわっていったらいいのでしょうか。ヒステリックに園や学校に怒鳴り込むのも、ひたすらガマンするのも、どちらも賢明な親のすることではありません。

「いつも子どもがお世話になっています。……ところで、最近、うちの子が、お友だちにポカポカ頭を叩かれてイヤだって言っているんです。園での様子はいかがでしょうか?」

「お忙しいところ申し訳ないんですが、うちの子が、○○君からこういういじめを受けているって言っているんです。相談にのっていただけないでしょうか」

このように、お子さんから聞いた内容を伝えたうえで、今後の対応について「相談し、お願いする」のが、その後、最もうまくいくようです。

「子どものケンカに親が出て行くのはおかしい」という考え方もありますが、それもケースバイケース。**ささいなケンカではなく、いじめにあっているとわかったときには、お子さんの心と命を守るために「親としてすべきことは全部する。ぜひ、先生方にも力を貸していただきたい」という姿を強く打ち出すべきです。**

教師も人間です。親がきちんとものを言ってくると、その分、気にかけてお子さんの面倒をよく見てくれるものです。逆に、親が何も言わないと、教師のほうもついノーマークになりがちです。

だからといって、「先生! いったいどうしてくれるんですかあ!!」と詰めよって、理不尽な要求をくり返すモンスターペアレントになってしまうのは禁物。「あそこのお母さんは要注意」と避けられてしまうことになります。

大人としての分別をもって、厳かに、けれども決してキレたりせずおだやかに「園や学校にお願いすべきことをきちんとお願いする」姿勢でかかわり続ければ、先生も必ず耳を傾け、本気で対応してくれることでしょう。

「アサーション・トレーニング」で人間関係にタフになる

言葉の発達がゆっくりの男の子は、イヤなことがあったとき、その気持ちをうまく表現することができません。そのため、①何があってもひたすら「耐えてためこむ」か、②逆に、がまんした末に突然「キレて爆発する」かの両極端になりがちです。そしてこのいずれも、人間関係のトラブルに発展しやすいのです。

人間関係には、一生ストレスフルな場面がつきものです。これをうまく「しのいでいく」ためには、(1)相手にうまく伝わるような言い方で、(2)自分の気持ちを伝えていくスキルを学んでいく必要があります。これを「アサーション」と言います。

「アサーション・トレーニング」は、全国の小中学校でも取り組んでいるところが増えています。

たとえば、こんな具合です。

●「お前って、お笑いの○○に似てるよな。△△って言えよ、早く早く！」とイジられたとき、どうするか

×「やめてくれよ～」と笑いながら言う。（耐える）

×「ふざけんじゃねー！　お前こそ○○に似てるだろ。バーカ」（キレる）

○「マジ？　似てる？　でも、あんまりうれしくないなー」と、落ち着いた雰囲

気で言う。（アサーション）

●ゲームのソフトを返してくれと言ったのに、なかなか返してくれないとき、どうするか

×「そうなんだ。まだ必要なんだ……」と泣き寝入り。（耐える）
×「返してって言ってるじゃん!!」と泣き叫びながら言う。（キレる）
○「あれ面白かったでしょ。ただ、ボクもあれでそろそろ遊びたいから返してほしいんだ。悪いけど明日、返してもらえるかな」と、やわらかく、しかし毅然とした態度で言う。（アサーション）

アサーションとは、相手の立場に立ちながらも、自分の気持ちをうまく伝えていく方法です。気まずい場面でただ①耐えるのでも、逆に②ブチキレるのでもなく、③自分も相手も大切にしながら（何とか）うまくしのいでいける。多少傷ついても時がたてば気まずくなった相手とも関係を修復できる。人間関係をきりぬけていくために必要な、そんなタフなスキルが身についてきます。「アサーション」の力が育っていないと、将来、①上司から次々と仕事を押しつけられても「NO」と言えず、ストレスからうつ病や過労死に至ったり、逆に②仕事でちょっといやなことがあったからとキレて、その度に会社を辞めて転職をくり返すようになってしまいかねません。

「アサーション」の力を身につけさせるために、親子で役割を決めて練習してみるのもいいでしょう。

たとえば「お母さん＝ジャイアンのような乱暴者役／息子さん＝のび太役」と役を決めて、「いやなことはいやだ！」と言う練習をするのです。

ほかにも、たとえば、八百屋さんで大根の値段が高すぎると思ったとき、うまく値下げ交渉するなどして、アサーションのモデルをみせたり、日曜日、ごろ寝ばかりしているお父さんに対して、「いったいいつまでゴロゴロしてるの！」とキレるのでなく、「お父さん。仕事ですごく疲れているのはわかるわ。でも、少しだけ家事を手伝ってくれると、すごく助かるわ」とお願いするなどして、お母さんがアサーションのモデルを示すのもいいでしょう。

こんなふうに、日常の中で、アサーションを取り入れたやりとりを親が率先しておこなって、子どもにモデルを示すのです。

実は、「アサーション」は、女性も苦手とすることの一つ。お母さん自身ができていないことが多いんです。女性は①勝手に他の人の気持ちを気にして、自分の気持ちを抑えたり、②気持ちをためこんだ末にキレて叫んだり、のどちらかになってしまいやすいのです。

たとえば、本当は自分は中華が食べたいのに、ご主人やお子さんがパスタがいいというからと、ご自分の希望を引っ込めてしまってはいませんか？

こういうときは、こんなふうに言ってみてはいかがでしょうか。

「そっかー、みんなはパスタがいいんだ。でも、ママは今日、中華が食べたいな」

「え～、パスタにしようよ」

「そうか～。じゃあ今日はパスタでいいよ。でも、今度、みんなで出かけるときは、ママの食べたいものにしてもいい？」

「うん……じゃ、いいよ！」


このようにして、まずお母さん自身がアサーションを身につけて、相手の立場に立ちながら、自分の気持ちも伝えていくようにしましょう。主婦はどうしてもお子さんやご主人に合わせてがまんすることが多いため、フラストレーションがたまっていき、それがささいなきっかけで大爆発することが多いのです。

子どものちょっとしたワガママで「どうせ私の言うことが聞けないんでしょ」とキレてしまったり、ご主人のひと言で「いつもあなたはそうなんだから！」と口撃がはじまったり……。ちょっとしたきっかけでためにためていたストレスが「大爆発」するのです。

これが、その場その場で怒りを発散させる男性とは違い、「女性の怒りはポイントカード」といわれるゆえんです。お母さん自身も決して、コミュニケーションが得意とは言えないのです。

まずは、お母さん自身がアサーションを身につけてストレスをためこまない幸せな人生を送りましょう。そんなお母さんの姿を毎日見せていくことが、お子さんが「自分も相手も大切にできるコミュニケーション」のスキルを獲得する一番の近道なのです。

第6章

「結婚できる男」を育てる「あぶない思春期」の乗り越え方

「うちの子はヘンタイ?」と悩むお母さんへ

「うちの子はまだ4歳なのに、テレビに水着の女の人が出てくると、うっとり眺めているんです。将来、度を越した女好きになったりしませんか?」

「赤ちゃんのころから、女の人が大好き。いつも行くスーパーのレジのお姉さんに笑顔をふりまいて、レジを離れようとしません。これって問題あるのでは?」

「うちの子は、オチンチンとかウンコとか、下品な言葉を連発します。まともな大人になれるんでしょうか……」

「いつもオチンチンを触っているんですけど、小学生になってもやっていたら、ヘンタイですよね?」


私からすると、微笑ましいと思える男の子たちの行動も、お母さんたちの「ちょっとした心配」のタネになっているようです。

結論から言えば、いずれもまったく、心配ありません。

●下品な言葉を言う

男の子が下品な言葉を好んで使うのには、さまざまな理由があります。

①「下品な言葉を言ったときの、お母さんの反応が面白いから、それを楽しんで」使う子もいます。お母さんとしてはからかわれたような気持ちになることもあるでしょう。けれども、これは、お母さんとの情緒的なつながりが順調に育っている証拠です。

②「下ネタ系の言葉には、面白い響きをもったものが多いから、その響きを楽しんで」使う子もいるでしょう。これも「言葉に関心を抱き始めたんだ」と理解してあげましょう。

③「4、5歳頃はとくに、性的関心が強まる時期だから」使う子もいるでしょう。

これらはすべて「順調な発達のプロセス」の中で見られる一過的現象です。親御さんとしては、むしろまず、「よく育ってる証拠」と一安心していいのです。

●オチンチンを触る

オチンチンを触るのは、触れていると、何となく気持ちがよくなり落ち着いてくるからです。大人の男性でも、パンツの中に手を突っ込んでいると何となく安心するという人の話を聞いたことがあります。男の習性と割り切り、「いやらしいからやめさない」「汚い！」などと、いちいち叱ったりするのはやめにしましょう。もちろん「オチンチンにさわったら手を洗ってね」と言うのはかまいません。

「オチンチンがあること」をほめてあげよう

自分は男だ、女だという性的アイデンティティは、およそ4、5歳のころに確立されます。自分のことを「オレ」と言ったり、戦いごっこにハマったりするのも、「自分は男だ」という意識が芽生えてきたことの現れです。

この時期に「自分は男である」ことを肯定的に受け止められないと、自分が男であることに自信がもてなくなってしまいます。

そこで**気をつけてほしいのが、お風呂に入っているときの男の子との会話で**す。お子さんといっしょにお風呂に入っているときに、

「さとる君、オチンチンがあっていいね。かっこいいよ」

「それって、男の子のパワーのしるしなんだよ。お父さんにも同じのついてるでしょ？」

と、肯定的な言葉をかけ、男であることをポジティブに受けとめられるようにしてください。

とくに、お父さんが忙しくてお母さんやお姉ちゃん、妹さん、おばあちゃんとばかりお風呂に入っている男の子は、「なんでボクだけこんなモノがあるんだろ

う？　みんなとちがう……。ぼくだけ、へんなのかな？」と思ってしまうことがあります。そうなると、「ぼくもお母さんたちと同じ、女の人がよかった」などと思い、男としての自分を肯定的に受けとめられなくなってしまいがちです。

絶対にしてはいけないのは、男の子のオチンチンを、からかい半分で、

「なにそれ？　ヘンなの」

「気持ちわる〜い」

などと言って面白がることです。

同じように、女の子とお風呂に入っているときに、お父さんが、

「お父さんには、オチンチンがあるんだぞ。いいだろー」

などと言うのもよくありません。「かずみちゃんは女の子だから、オチンチンがないけど、赤ちゃんが産めるんだよ。すごいねー」と女であることを肯定的に受けとめられるようにしましょう。

男の子には「自分が男であること」を、女の子には「自分が女であること」を

ポジティヴに受けとめられるように接していくことが大切なのです。

男子校に行くと、彼女ができにくい⁉

私は娘１人をもつ父親ですが、もし男の子がいたらば……おそらく、**息子に男子校は勧めないと思います。**

共学化の波が押し寄せているとはいえ、私学には高い進学率を誇る男子校が少なくありません。

「女子の目を気にせず勉強に専念できる」

「一生付き合える男友だちができる」

「男子ばかりなのでビシビシ厳しく指導してもらえる」

「男子校ならではの勇壮な行事がある」

こういった点はたしかに、男子校ならではの長所です。こうした点に惹かれて、男子校を選ぶ家庭は少なくありません。

しかし、「女性とのコミュニケーション力」「恋愛力」「結婚力」の育成という点では、どうでしょうか。私には、中学・高校という最も多感な時期に、異性とふれあう機会をもてないのは、あまりにも大きなハンディのように思えます。ルックスやコミュニケーション力に自信があり、他校の女子に自分から声をかけて口説けるような一部の男子は例外ですが……。

次のデータもそれを証明しています。

明治大学の私の授業で、彼女がいるかいないかを、男子校出身者と共学出身者で比較したところ、共学出身者の約4割が「彼女がいる」のに対し、男子校出身の学生で彼女がいるのは、何とわずか9％！　一方、女子校出身者はどうかというと、「彼氏がいる」割合は共学出身者とほぼ同じ程度でした。ただし、女子校出身の学生のほうが交際相手の選択にあたって、相手の性格よりも学歴や勤務先、年収、家柄などの外的条件を重視する、いわゆる「ブランド志向」の傾向が高いこともわかりましたが……。

ともあれ、男子校出身の大学生の、わずか10人に1人しか彼女がいないのです。ましてや、理系の学部に進んでいると、大学や就職先にも女性が少ないため、女性と話す機会はいちじるしく減ってしまいます。

だまっていても近所のおばさんがお見合い写真を持ってきてくれる一昔前の時代ならよかったのでしょうが、いまはそういうわけにはいきません。

ではなぜ、男子校出身者は彼女ができにくいのでしょうか。

理由の一つは、「慣れていないから」。女の子といっしょにいるだけで、緊張してしまう男子学生は少なくありません。

二つめは「何をどう話していいかわからないから」。異性とのコミュニケーション方法がわからないため、とまどってしまうのです。妙につっぱったり、高圧的な態度をとってしまう学生も少なくありません。

そして三つめが「女性の理想化」です。

女性とまともに話したことがないため、イメージだけがふくらんでしまい、

「女性はこう考えるもの」

「女性は○○などしない」

などと、肥大化した「理想の女性像」を作り上げてしまう学生もいます。

そうなると、ちょっと女性がワガママを言ったり、だらしないところを見せたりすると、必要以上に相手を責めてしまいがちです。自分の考えを受け入れてもらえないと、「愛があるならすべて受け入れてくれるはず」などと言い張って、女性に愛想をつかされ、交際が長続きしないことも少なくありません。

現在、40歳男性の童貞率は約1割です。

おそらく、共学出身者より、男子校出身者のほうが生涯未婚率や生涯童貞率も高いと推測されます。

２００５年の国勢調査によると、現在20代後半と30代前半の男性の生涯未婚率は約３割と言われています。みなさんのお子さん世代になると、生涯未婚、つま

り「一生に一度も結婚しない男性」の割合は４割近くになるのではと思われます。

進学実績に惹かれて男子校に進む気持ちもわかりますが、中学・高校の時に異性とふれあわないことのダメージは存外に大きく、お子さんが30代、40代になってボディーブローのように徐々にきいてきます。

共学か、男子校か……よーく考えてみましょう。私なら、自分に息子がいれば、まちがいなく共学を勧めます。

「夫婦のスキンシップ」が子どもの安心を生む

あるフランス映画を観ていたら、こんな印象的なシーンがありました。

小学校低学年くらいの兄妹が朝、両親のベッドルームをのぞいて目を見合わせ、にっこりと微笑んでいます。なぜかといえば、昨夜ケンカしていたお父さんとお母さんが、ハダカで仲良くいっしょのベッドに寝ていたからです。

さすが、アムールの国、フランスです。セックスという行為の存在自体はまだ知らないとしても、愛し合っている夫婦や恋人は、いっしょのベッドでハダカで寝るということを、小さな子どもでさえ知っているんですね。

一方、日本では子どもが親の部屋の引き出しからコンドームを見つけ、「エ!? うちのお父さんとお母さんって、まだエッチしてたの?」とショックを受けることも珍しくありません。

日本の子どもたちは、お父さんとお母さんを「男」や「女」としては見ていないのです。

でも、それも致し方のないこと。だって、お父さんとお母さんが、イチャイチャしているところを見たことがないのですから。

以前、不登校の子どものカウンセリングでこんな言葉を聞いたことがあります。

「うちのお父さんとお母さん、もう愛し合っていないと思います。だって２人がキスしたり、抱きあったり、さわりっこしているところ、見たことないんだもん」

う、うちもそうだ……と、思い当たってしまわれた方も多いのではないでしょうか。日本の夫婦はたとえ本当はけっこう仲が良くても、子どもの前でイチャイチャするなんて、恥ずかしくてできないという方が多数派です。

しかし、言葉だけでいくら「赤ちゃんはお母さんとお父さんが愛し合って、お母さんのお腹の中から生まれてくるの」などと言い続けても、あまり説得力がありません。

①お子さんの前で夫婦で手をつなぐ
②お子さんの前で夫婦で抱きしめあう
③お子さんの前で夫婦でキスをする

できればこのうち、２つくらいは実行していたいですね。

ご両親のラブラブを見て育ったお子さんは、深いところで安心感を抱きます。

お父さんとお母さんは愛し合っている、と確信できるからです。

また、ラブラブの家庭で育った子どもは、後に、恋愛や結婚について肯定的なイメージを抱きやすくなります。

「好きな人にふれるのは、素敵なこと」

「人を好きになる、結婚するって楽しそう」

というポジティブなイメージがはぐくまれていくからです。

さらにそれは、

「女性が嫌がっていればセックスしてはいけない。セックスはお互いに楽しんでするものだから」

といった、健全な性意識をはぐくむ助けになるのです。

今日から1日5分、子どもの前で、夫婦でスキンシップに励みましょう。

「何をいまさら」と恥ずかしがっていてはいけません。お子さんの前で手をつなぐ、キスする、抱きしめる、イチャイチャする……。できることから始めましょう。

「それは無理」と思ったあなた。お子さんのためです！　歯をくいしばって（笑）イチャイチャに努めましょう。

お母さんはおうちの中でも「ちょっといい女」でいよう！

男の子が女性や結婚に対していいイメージを抱けるようにするには、どうしたらいいでしょうか。

それは、ご夫婦がお子さんの前で、少しでもいいので「ラブラブ」な要素を保ち続けること、そのための努力をお互いに惜しまないことです。逆に、お父さんはいつもパンツ一丁でウロウロ、お母さんも「もう女は捨てた」とばかりになりふりかまわずにいると、お子さんも「女って、結婚すると結局、こうなるのか……」と夢を抱けなくなります。

男の子も、小6くらいになると、友だちと街を歩いていて、友だちのお母さんを見つけると、

「おまえんちのお母さん、ちょっとイケてるよな。オシャレだし」

などと言うようになってきます。こんなふうに言われると、息子さんも内心、うれしいものです。

逆に「おまえんちのお母さん、悪いけど女としては終わってるなあ」などと言われようものなら、結婚に対して肯定的なイメージが抱けなくなってしまいます。

外に出かけるときばかりではありません。**家の中でもできるだけ「少しだけオシャレ」を心がけましょう。**

お母さんが家の中で身なりにもかまわず、お子さんにもお父さんにもガミガミ

言い続けてばかりいると、

「結婚したら女性は結局、こうなってしまうんだな」

「外には見栄張っていい服を着ていくけど、家の中では毛玉のついた服ばかり。周囲の目は気になるけど、お父さんのことは大切じゃないんだな」

と思ってしまいます。「結婚したら、愛は終わる……。それが現実か」と結婚に対して、冷めたイメージしか抱けなくなってしまうのです。

もちろん、小さなお子さんがいる家庭は24時間運動会状態。なかなか身なりにまでかまっていられないかもしれません。

けれど、お子さんが少し手を離れたら、空いた時間を少しだけ「女としての自分のため」に使うようにしてみましょう。まずはエステに行く、くらいから始められてはどうでしょうか。H&Mにでも行って、ちょっとかわいいインナーを身につけるのも悪くありません。

お母さんが家の中でも魅力的で、幸せそうにしていれば、男の子の女性観、結婚観は前向きなものに育っていくことでしょう。

思春期の男の子は エッチのことでまじめに悩んでいる

チャイルドライン（電話による子どもの悩み相談）のカウンセラーの方に聞くと、男の子からの相談でだんとつに多いのが「性の悩み」です。「エッチなことばかり考えてしまうんですが、おかしな人になったりしないでしょうか」「マスターベーションしすぎると馬鹿になると言われますが、本当ですか」といった悩みを本気で悩んで真剣に相談してくるのです。

こんなとき、親御さんとしてはどう対応すればいいのでしょうか。決して難しく考える必要はありません。

・「朝起きたら、出ちゃったことある？　夢精っていうんだよ」
・「女の子を見てエッチな気持ちになるのは、大人になった証拠だよ。オチンチンが大きくなっちゃうでしょ？　そうしたら、エッチなこと思い浮かべながら出してもいいんだよ」
・「下着が汚れたら、洗面所で洗って洗濯カゴに入れておいて。誰でも当たり前にあることだから、恥ずかしがることはないよ」

こんなふうに、サラッと自然に対応しましょう。お母さんの自然な態度が、思春期の男の子の過剰な「恥ずかしさ」を取り除いてくれます。

思春期の男の子にお母さんがしていいこと、悪いこと

思春期の男の子の性について、お母さんが見て見ぬフリをすべきこと、逆に見て見ぬフリをしていてはいけないことがあります。

●見て見ぬフリをすべきこと

・息子さんが夢精などで汚れた下着をこっそり洗っているとき

「なにそれ？　いやらしいわね」と目くじらを立てるのはもってのほか！　逆に、「夢精？　おめでとう！　大人になったのね」などと面と向かって言われるのも、息子さんとしては恥ずかしすぎてつらいものがあります。

こんなときは、お母さんは基本的に見て見ぬフリをするのが一番。恥ずかしいから隠れて洗っているのですから、知らないフリをしてあげましょう。

・インターネットや携帯でエッチなサイトを見ていたとき。エロ本を見つけたとき

多少なら見逃していただいてかまいませんが、今はあまりに過激なサイトが簡単に見られてしまう時代です。やはり、パソコンの設定時に前もって未成年用のガードをつけるなどしておいたほうがいいでしょう。見ているサイトがたとえば「チカンもの」ばかりに偏っていて心配なときは、しばらく様子を見て、お父さんと話をしてもらってもいいでしょう。

しかし、基本的にはいずれ忘れることになる「一過的現象」です。あまり心配しすぎることはありません。エロ本程度なら、笑って見逃してあげましょう。

・明らかに部屋でマスターベーションしているとき

「あんたいま、マスターベーションしてるんじゃないでしょうね」と部屋までちょこちょこ様子を見に行く無神経なお母さんが、意外に多くて驚いています。これは、まさにやってはいけないことのナンバーワンです。いくら自分の子どもだからといって、あまりに無神経すぎます。

マスターベーションをする年齢になったら、個室（あるいは同性の兄弟と同室）が欲しくなるもの。「親には言えない秘密」が大切な意味を持ち始める時期です。

断りもなく、勝手に部屋に入ってチェックするなど論外。部屋に入るときにも必ずノックをしましょう。

●見て見ぬフリをしてはいけないこと

・女性を小馬鹿にしたような性的な発言には注意しましょう。

思春期の男の子なら誰もが体験する、一過性の性的欲求には見て見ぬフリをしてかまいません。しかし、かなり歪んだ性的知識や、女性を小馬鹿にしたような発言などについては、見逃してはいけません。

息子「ああいう格好してたら、痴漢にあっても仕方ないよね」
お母さん「それはお母さんは違うと思う。たしかに、あれは露出しすぎのファッションだとは思うけれど、肌を出す格好をしたからといって、痴漢されてもいいわけはないよね。自分の体は自分のものだから、その人の許可なく触るのは絶対にいけないことよ」

このように、毅然とした態度で女性を人間として大切にする考え方を伝えていきましょう。子どもの反応があまりなかったり、無言だったりしてもいいのです。こうしたやりとりの積み重ねが、男の子の心にまっとうな女性観を育てていきます。

思春期の息子さんの性について最も重要なのは、親が過剰反応しすぎないことです。

思春期の男の子は性的なことにとてもデリケートです。ちょっとしたことでお母さんが「あなた、大丈夫？」などと心配しすぎたり、「ほんとにエッチなんだから」などとからかったりすると、子どもは性的な話題について触れることをできるだけ避けるようになっていきます。そうなると、お子さんの心に性に対する健全な感覚を育てていく機会を失ってしまうことになります。

思春期は、お子さんがお母さんから離れていく時期。とはいえ、まだ大人の入口に立ったばかりの男の子たちは、性に関しては初心者マークです。時には「見て見ぬフリ」をしたり、時にはオープンに話をしたりしながら、あわてふためいたり大騒ぎしたりすることなく、あたたかく見守っていきましょう。

反抗期の男の子は「理解できない」のが当たり前

「中学校2年生になった息子が最近、私をあからさまに避けるようになったんです」

「何をたずねても『別に』『それで』ばかりで……何を考えているのかさっぱりわかりません」

「息子に『あなたはいったいどうしたいの?』と聞くと、何も言わずに黙ったまま……そして突然『言う通りにすればいいんだろ!』とどなってキレるんです」

私のもとにも、思春期の男の子とうまく話ができないと、多くの親御さんが相談に見えます。

結論から言うと、**思春期の子どもを理解できると簡単に考えてしまうのが、そもそもの間違いです。**思春期の男の子はよくわからない、母親から見ればエイリアンのような存在です。そのことを前提としてかかわっていくことが大切です。

思春期の男の子の口数が突然少なくなったり、口を閉ざしたりするのは、成長・発達のプロセスにおける一過的現象です。急にお子さんの性格が悪くなったわけでも、お母さんを嫌いになったわけでもありません。

小学校高学年から高校生くらいまでのいわゆる「思春期」には、男性ホルモンが急激に増えていきます。男の子の男性ホルモンの増加は女の子より急で、男性ホルモンの一種「テストステロン」は数倍から十数倍にまで増えるといわれています。

テストステロンには、精子を作らせる、体毛を濃くする、声変わりさせる、といった働きの他に、攻撃性を高める作用があります。男の子の反抗期が女の子より激しいのには、こうした理由があるのです。

お母さん以上に、当の本人が自分の身に起きた急激な精神的、身体的な変化にとまどっています。

思春期の男の子の心は、小学生までの「子どもの自分の形」が壊れて、まだ「大人としての、新しい自分の形」ができていない、いわば未定形の、ぐちゃぐちゃな状態です。

自分でも自分のことがよくわからないのです。

そんなときに「自分の気持ちを言いなさい」などと言われても、子どもは返事のしようがありません。自分が何を思っているのか、何を悩んでいて何にイラついているのか、自分でもよくわからないのです。

この時期に親がとるべき態度は、一歩引いたところからお子さんを見守ること。

「今の時期のあなたはお母さんには、よくわからない。よくわからないけれど、もちろんすごく気にかけているし、何かあったらいつでも話してほしい。できることは何でもしてあげたいと思っているから……」

このような、「いい意味での諦め」を伴った、一歩引いた「あたたかく見守る」姿勢で接していくと、お子さんのほうは、だいぶやりやすくなります。親が作った世界とは別の、子ども自身が築きつつある世界がそのまま尊重されると、自分の中でじゅうぶんに悩み、大人への脱皮を図る準備を進めることができるのです。

このときに親がしてはいけないのは、お子さんの急激な変化にとまどって、オロオロしすぎること。そうすると、お子さんは「新しい自分づくり」というたいへんな作業に没頭できなくなります。自分の心はぐちゃぐちゃなままなのに、お母さんのイライラや不安まで気にしなくてはならなくなり、自分の内面作りの作業に没頭できなくなるのです。

お子さんがお父さん、お母さんをうとましがるようになったら、「お子さんへのかかわりを〝しつけ中心モード〟から〝見守り中心モード〟にギアチェンジしなくては」というサインとして受け取りましょう。

思春期の男の子、7つの見守り方

小学生のころまであれこれ男の子の世話を焼き続けてきたお母さんにとって、中学に入ったころから「見守るモード」にギア・チェンジする、というのは想像以上に大変なことのようです。

「見守る」ってどういうことですか？　という質問もしばしばお受けします。この機会に説明しておきましょう。

「見守る」とは、お子さん自身が思うように行動させながらも、ただ放置するのではなく、折にふれて「あなたのことを気にかけていますよ」というサインを送り続けること。

具体的には次の７つを試みてみましょう。

①「話せばわかる」とばかりに、しつこく話しかけない

「話せばわかる」というのは、多くの場合「きちんと話せば、親の考えを子どもは理解できるはず」ということを意味しています。「話」の中身の大半は、単なる大人の意見の押しつけにすぎないので、思春期の子どもは猛反発しやすいのです。

②「気にかけているよ」というメッセージを送り続ける

思春期のお子さんには、しつこくかまいすぎてもいけませんが、あまりに無関心でもいけません。「子どもと大人の中間」というあいまいな状態にいる彼らは、親の存在をうっとうしがりながらも、どこかで強く親を求める、というアンビバレント（どっちつかず）な状態にいるのです。

お子さんが学校から帰って、リビングは素通り。プイッと自分の部屋に閉じこもったままでいるとします。こんなときは、「おやつ、出しといたよ」「お母さ

ん、○○へ行ってくるからね」と、いつも通りに声かけだけはしていきましょう。

ここで大切なのは、返事を求めないこと。「どうして返事しないの！」と迫ると、お子さんをイラだたせるだけです。

③暴言やわがままは聞き流す

息子さんにちょっと話しかけただけなのに、「うるせえ」と言われたり、無視されたりすることがあります。こんなときは、「何、その返事⁉」などと追求せず、「あらら」とさらりと受け流すのが賢明です。

思春期の男の子のイライラに明確な理由はありません。「イライラしているのが普通」なのです。そう割り切ってゆったりかまえていきましょう。

④深追いしてしまったら、家を出る

「正直言って、反抗期の息子とかかわるのにホトホト疲れてしまいました。憎らしくって、もう可愛いとも思えません。逃げ出してしまいたいくらいです……」と嘆くお母さんは珍しくありません。心をこめて育ててきたのに、いちいち反抗されれば、そう思ってしまうのも無理はありません。

「死ね」「殺す」「クソババア」といった、息子さんのあまりにひどい暴言を聞き流せず、「カチン！」ときてしまってめちゃくちゃな言い争いになってしまうこともあるでしょう。手足が出てしまうこともあるかもしれません。そうなったら大変！　まさに戦争状態です。

そんなときは、とにかくお母さんが2~3時間、家からいなくなること。カラオケに行って大声で叫んでくるのも、ファミレスでスウィーツを食べてストレス解消するのも悪くありません。とにかく、2~3時間くらい家から離れましょう。

家の中に思春期の男の子とずっと2人きりでいれば、煮詰まってしまうのが当たり前です。

　2〜3時間して家に帰ってくると、2人とも気持ちがけっこう落ち着いているものです。息子さんのほうから「さっきはごめん……。言いすぎた」と謝ってくることも少なくないはずです。

⑤自分の気持ちを伝える

　息子さんのあまりにひどい態度に腹を据えかねたときは、

「そんなふうに言われて、お母さんはすごく傷ついた。そのことだけ伝えておくね」

「さっきはごめんね、言いすぎた。でも、お母さんも『死ね』とか『殺す』とか言われると……さすがに、すごく悲しかった」

などと、傷ついたりつらくなったりしたお母さん自身の気持ちを素直に伝えてみましょう。「まったくあんたは！」とどなり続けるより、はるかにお子さんの心に届くはずです。

⑥携帯やメールのチェックをしたり、カバンや机の中を勝手に見たりしない

思春期のお子さんに一番してはいけないのが、携帯電話やパソコンのメールチェック、着信チェック、机やカバンの中を勝手に見たりすることです。「秘密を持つ」ことは、思春期のお子さんの重要な成長の証です。にもかかわらず、こうした無神経なことを親がやってしまったがために、親子関係が完全に崩壊。「親を悲しませるために」万引きなどをくり返す子も少なくありません。

「わからないように見るから大丈夫」などという安易な考えは禁物！　こっそり見たつもりでも、お子さんは「親が何かに気づいたな」と気配で感じて、信頼を失う原因になります。

⑦泣かない、オロオロしない、不安にならない

息子さんに「このクソババア、殺すぞ」などとすごまれ、物を投げられてショ

ックを受け、どうしていいかわからなくなってオロオロしてしまい、以降、腫れ物に触るようにしかお子さんとかかわれなくなってしまうケースがしばしばあります。

しかしこれはよくありません。かえって火に油を注ぐ結果になってしまいます。

お母さんがオロオロしすぎてしまうと、それは必ずお子さんにも伝わります。

お子さんは、お母さんやお父さんのオロオロした態度が嫌で、よけいに反発を強め始めます。オロオロしている親を見ていると、お子さんはよけいにイライラしてきて、自分の気持ちに素直になれなくなってしまうのです。

お子さんがイライラしているときこそ、親はドーンとかまえていましょう。

思春期の男の子の「ヘンな趣味」は一歩引いて見守って

心が不安定な思春期の男の子は、お母さんからみるとビックリしてしまうようなものに興味をもち始めます。

女性のヌードなどは当たり前。死体、殺人、宇宙人、UFO、世界の七不思議……こうなると、母親には到底理解できない世界でしょう。

実は、何を隠そう、私自身も思春期には、そんな「ヘンなもの」にとりつかれていた「ヘンな男の子」でした。

当時、中学生だった私がどうしようもなく興味をもったのが、殺人シーンをリアルに撮影した映画『スナッフ』でした。

実は、この映画、15歳以下は保護者同伴でなくては観ることのできないR指定映画。雑誌でこの映画に「これまでのどの作品にもなかったほど、女体をリアルに切り刻むシーン」があることを知った私は、どうしてもどうしても観たくなり、「これ、文部省指定の映画だから」などと母を騙して、わざと上映ギリギリに2人で映画館へ。「早く、こっちだよ母さん！」と、映画館に駆け込みました。

すさまじくリアルな、人体切断シーンを観た私は大興奮。

けれど、観終わったあと母からは、

「あんたがこんな子だって知らなかった……」

とそれまで言われたことのなかったような絶望的な言葉を聞かされてしまったのです。

いま思えば、あんな気持ちの悪い映画を観せられて、母がこう思うのは当然です。けれど、当時は母親を騙してでも、どうしてもどうしても観たかったんです。

それからも、世界の残酷な風習を題材にした『世界残酷物語』などを観ていました……。けれども、それも1～2年のこと。高校1年くらいになると、つきものが落ちたように、残酷シーンにパタリと興味がなくなっていったのです。

そしていまは……。TVドラマで手術など血の出るシーンを観ているだけで気持ち悪くなる始末。ホラー映画も大嫌いです。あの『スナッフ』という映画だけは、何百万円積まれても観たくありません。

でも、このときありがたかったのは、母がうろたえず、ドーンとかまえていてくれたこと。うちの子は大丈夫かとオロオロされていたら、今度は1人でこっそり見に行くようになり、興味がエスカレートしていたかもしれません。

みなさんの息子さんも思春期になると、動物の死骸など、奇妙なもの、気持ち悪いものに興味を持ち始めるかもしれません。しかし、それもあくまで大人になる途上にいる、思春期特有の一過的な現象。とめどなく深みにはまっていく心配は、まずありません。どうか安心して、あたたかい目で見守ってあげてください。

ただし、いまは（約30年前の）私の子ども時代とは違い、インターネットなどで過激な映像を簡単に見ることができます。

あまりに心配なことが続くときは、中学校のスクールカウンセラーなど、心の専門家に相談してみましょう。

「別に」「それで」しか言わない子どもと会話を復活させるには？

小学生のころから話すのがあまり得意でなかった男の子が中学2年生になり、思春期に突入すると、もう何を話しかけても反応しなくなってしまいます。「別に」「それで」「特にない……」と気のない返事ばかり。話すきっかけがつかめないし、会話にならない、と悩んでいるお母さんは少なくありません。

そんな悩めるお母さんにお伝えしたいのが、「話をする場所を変えてみる」というちょっとした工夫です。

コミュニケーションがうまくとれなくなったその場所と同じ場所でコミュニケーションを改善するのはまず無理です。気持ちを切り変えるためには、まず場所を変えてみる。これは、心理学の基本的な法則です。

リビングでガミガミどなってばかりのお母さんと、「別に」「それで」しか言わない中学2年生の息子さん。2人はリビングにいるだけでイライラしてきて、いや～なモードに自然と入ってしまいます。

こんなとき、「ねえ、あそこのケーキ、すごいおいしいみたいだから行ってみない？」とお子さんを「プチデート」に誘い出してみるのです。

私のカウンセリングでも、この方法が功を奏して、お子さんが心を開いてくれた例がいくつもあります。

いつもの気まずいリビングではなく、レストランやカフェなど〝家ではない特別な場所〟にお子さんを誘い出して〝プチデート〟してください。男の子なら、ラーメン屋や焼肉屋でもいいですね。

面白いもので、場所を変えると気分が変わってきます。しかも、おいしいものを食べながらだと、「今日はあなたと話すわよ」という構えた感じが薄まるので、親も子もリラックスできやすくなるのです。

リラックスしたところで、いつもガミガミ言っていること、聞いておきたいことなどをこんなふうに切り出します。

「ねえ、マサオ。いつもお母さんがうるさく言っちゃってる帰り時間のことなんだけど、毎回連絡なしで遅くなると、お母さん、心配になっちゃうの。○時よりも遅くなるときはメールでいいから連絡してくれると、お母さんうれしいな♥」

こんなふうに、①一歩下がって（ワンダウンポジション）②具体的に③お願い口調で「～してくれると、お母さんうれしいんだけどな」と、気持ちを伝えてみるのです。

いつもと同じように、自分の言いたいことを一方的にまくしたてるだけではいつになってもお子さんは変わりません。①場所を変えてみる、②ガミガミをやめる、③具体的に、お願い口調で伝えてみる。まずはこんなちょっとした工夫からはじめてみてはいかがでしょうか。

手に負えない子には「ナナメの人間関係」を活用しよう

お子さんが思春期に入ると、ささいなことの積み重ねで親子関係がねじれてしまいやすくなります。親が何を言っても聞く耳を一切持ってくれない……そんな家族も少なくありません。親や先生が話をしよう、わかりあおうと追いかければ追いかけるほど、彼らは逃げていくものなのです。

こんなときは、親や学校の先生という「タテの関係」、学校の友だちという「ヨコの関係」はあまり効果を発揮しません。ここで必要となるのは、「ナナメの関係」です。

「ナナメの関係」を子どもと築ける人とは、たとえば、カウンセラー、家庭教師のお兄さん、塾や習い事の先生、小学校時代のスポーツ少年団の先輩、親戚のおじさん、近所のお姉さん、よく家に遊びに来ているお父さんやお母さんのお友だち……など、直接子どもと利害関係のない「第三者的な立場の大人」です。

こうした、家族以外の「第三者」に入ってきてもらうことなしには、思春期の歪んだ家族関係を修復するのは難しいことがしばしばあります。

受験なのにまったく勉強していない……こんなとき、「タテの関係」の大人、つまり親や学校の先生は、叱る、怒るとワンパターンになりがちです。

一方、「ナナメの関係」にある第三者的立場の「信頼できる大人の人」が言ってくれることだと、たとえ同じことを言っていたとしても、子どもは案外、素直に聞けるものなのです。

「タテの関係」にある親や学校の先生の言葉だと、子どもは押しつけられていると感じて、「ハイハイハイ」と受け流してしまいがちです。たとえ、親が言っていることが正しいとわかっていたとしても、です。「ナナメの関係」にある大人の人の言葉は、もう少し距離がある感じで、楽に聞くことができるので、子どもは素直に受け取ることができやすいのです。

杉並区立和田中学校の元校長で、夜間の進学塾「夜スペシャル」など、ユニークな取り組みを始めたことで知られる藤原和博さんも、「ナナメの関係」に助けられた1人です。

国家公務員だった藤原さんのお父さんは非常に厳格で、やることなすこと否定されていたといいます。しかし、お父さんの一番下の弟さん、藤原さんからするとおじさんがとても柔らかい考えの持ち主でした。「やっちゃえばいいじゃない。何がいけないのかな」とお年玉を余分にくれたり、藤原さんの思いつく遊びのアイデアを面白がってくれたりしたのです。

親としてはおじさんやおばさんから、親御さん自身の教育方針と違うことをされては、「甘やかさないでほしい」「勝手なことを言わないで」などと、腹立たしい気持ちになることもあるかもしれません。

けれども、子どもの側から見れば、信頼できる大人に親とは違う視点で認められることは、自信や勇気を与えてもらう大きなきっかけになります。

問題は、この「ナナメ関係」の信頼できる大人というのが、いるようでなかなかいないこと。困った問題が生じたときに探そうとしても、なかなか見つからず、苦労するものです。

そうならないためには、親御さんがふだんから、いろいろな〝おつきあい〟を大切にして、いざという時、子どもの力になってもらえるネットワークをつくっておくことです。お子さんが小さいころから町内会の活動に参加する、地域のボランティアを手伝う、スポーツ少年団に入る、こまめに親戚づきあいをする、お父さんお母さんの友だちに家に遊びに来てもらう、たまにはホームパーティーを開く、といったことを心がけておきましょう。

こうした小さなことの積み重ねによって、お子さんが思春期に入って反抗し、心を閉ざし始めたとき、「そうだ！　あの人にお願いしてみよう」と思える貴重な人材を得られるのです。

家事、仕事、育児と1人で何役もこなしているお母さんは本当に大変です。「そんなことしている暇、私にはないわ」と思われるかもしれません。

でも、こうした活動の積み重ねで、人と人とのつながりのネットワークを広げておくことが、「いざ！」という時、思春期の危ない時期に入ったお子さんを救う大きな力になってくれるかもしれないのです。

男の子がいる家庭の「間取り術」

「男の子のいる家庭は、間取りが非常に重要」

これは20年以上、教育カウンセラーとして不登校や引きこもりの子どもたちとかかわってきて、実感していることです。とくに、引きこもりの男の子がいる家は、ほとんどの場合、リビングを通らなくても、玄関から直接階段を上がって子ども部屋にいける間取りになっているのです。

これでは、親子の会話が減るのは当然です。学校で今、何が起こっているのかなど、お子さんの心に起きている微妙な変化がまったくわからなくなってしまいます。

私は、男の子も女の子も、中一までは個室を与えないほうがいいと思っています。前にもお話したように、「子ども部屋にずっといる」子どもは勉強の習慣がつかず、成績も下がるのに対して、「リビングで勉強する子」のほうが、勉強の習慣もつきやすく、成績も上がりやすい――これが、さみしがり屋で根気のない、今どきの子どもたちの実態なのです。

中学入学後はマスターベーションという事情もあるので、できれば個室があったほうがいいでしょう。

大切なのは、家を建てるときです。将来お子さんが思春期に入って、部屋をあてがったときに、どの部屋にするかと考えて、子ども部屋はリビングを通らないと行くことができないような間取りを設計されてください。

できれば、子ども部屋もドアが一つしかない閉鎖的なつくりよりも、引き戸やパーテーションを使って、間取り自体を微妙に変えられるつくりにしておきましょう。

お子さんはやがて巣立っていきます。お子さんがいなくなっても子ども部屋はそのまま、空っぽのまま。そこに住んでいるご両親の心も「空っぽ」になってしまって、何だか寂しくて仕方がないというご家族の話をよくお聞きします。文字通りの〝空の巣症候群〟です。

お子さんの成長に伴って、家族の形も変わっていきます。

たとえば、お子さんが進学や就職で巣立っていかれたあと、空いた部屋と両どなりの部屋をうまく活用し、間仕切りし直して、ご夫婦それぞれの部屋を広くするとか、それまで欲しかった書斎に使うなど、その時々の必要性に応じて柔軟に変えていけるような間取りの家を、建築士さんとよく相談して上手に設計されてください。

その時々のご家族に必要な心の距離に合わせて、間取りを柔軟に変えていくことができるように、家をつくっておくべきなのです。

うまい〝間取り〟を工夫することで、親子関係のみならず、定年後の夫婦関係をちょうどいい距離に保つことができやすくなるのです。

これから、家を建てることを考えている方、がんばってひと工夫してみましょう！

間取りの工夫一つで、家族関係は劇的に変わっていくものなのです。

おわりに

本書では、ラブ（愛）とハッピー（幸福）に満ちた子育ての具体的な方法を、心理学の諸理論にもとづいて紹介してきました。それは、何があってもドーンと動じない、お母さん、お父さんの安定した、ハッピーな生き方以上に子育てで大切なことは何一つないと考えるからです。

けれどももちろん、育児は楽しいことばかりではありません。苦しくなって投げ出したくなったり、息が詰まりそうになったりすることも少なくないでしょう。

息子さんの反抗があんまり乱暴で激しかったり、「くそババァ、死ね！」などと汚い言葉を浴びせられたりすると、「もう、こんな子、生まなきゃよかった」とひとり涙を流してしまうこともあるかもしれません。

けれどもそれも、お子さんが「見えない世界」からお母さんに運んできてくれた課題。子育ての苦しみを通して、お母さん自身のたましい、そしてご両親のたましいが、お子さんといっしょに成長していけるようにお子さんが運んできてくれた、ちょっと苦めのプレゼントなのです。

お子さんとお母さん、お父さんは、育児の悩み苦しみを通して、ともに気づき、学び、成長していけるのをサポートしあえるような「見えないつながり」にある「ソウルメイト」なのです。

次に、息子さんが何か困った行動をしたら、それは、息子さん自身の成長に必要なものなのかもしれない、と考えてみてください。同時にまた、息子さんのその困った行動は、それに手こずることを通して、お母さん、お父さん自身の人間的な成長をうながすためにもたらされたものかもしれないのです。

ぜひ、そんなふうに考えてみてください。

息子さんのイタズラや奇妙な行動は、「見えない世界」＝「愛に満ちた宇宙」

から、お母さん、お父さんに贈られてきた「大切な、大切なプレゼント」であり、また、人間的成長をうながしてくれる「試練」でもあるのです。

ときには、息子さんのあまりに激しい行動に、お母さんはもうフラフラ。疲れ切って、イヤになってしまうかもしれません。

そんなときは、10分でいいので、お子さんから離れて深呼吸をしましょう。そして、こんなふうに、自分の中で唱えてみましょう。

「私のたましいは、この、無限の愛に満ちた宇宙とつながっている。

息子のたましいも、この、無限の愛に満ちた宇宙とつながっている。

息子のたましいは、この、無限の愛に満ちた宇宙から、私を選んで私のもとにやってきてくれた。

ありがとう。

ありがとう。

ありがとう。

私を選んで生まれてきてくれて、ほんとうに、ありがとう……。

すべては、この、見えない世界からの、贈り物。

息子の乱暴もいたずらも、すべてはこの、愛に満ちた宇宙からの贈り物。

たましいの気づきと学びと成長のために、贈られてきたプレゼント……」

そうすればほら……。息子さんのからだ全体が、愛に満ちた白く輝く光に包まれていることにあなたは気づくはずです。

あとは、思いきり愛をこめてギュ！　と抱きしめて、ほっぺにチュ！　ですね。

◉本書で紹介した自己成長のためのさまざまな心理学の方法は、次の研究会で学ぶことができます。

どなたでも参加可能です。私のホームページ（http://morotomi.net/）で内容をご確認のうえ、お申し込みください。

〒101-0062　東京都千代田区神田駿河台1-1　明治大学14号館6階B611
諸富研究室内
「気づきと学びの心理学研究会〈アウェアネス〉事務局」
問い合わせ申し込み先　E-mail:awareness@morotomi.net
FAX:03-6893-6701

著者紹介

諸富祥彦（もろとみ　よしひこ）

1963年福岡県生まれ。明治大学文学部教授。教育学博士。臨床心理士。公認心理師。教育カウンセラー。

「すべての子どもはこの世に生まれてきた意味がある」というメッセージをベースに、30年以上、さまざまな子育ての悩みを抱える親に、具体的な解決法をアドバイスしている。

『女の子の育て方』（PHP文庫）、『ひとりっ子の育て方』『思春期の子の育て方』『ひとり親の子育て』（以上、WAVE出版）、『いい教師の条件――いい先生、ダメな先生はここが違う』（SB新書）、『学校に行けない「からだ」』（図書文化社）ほか、教育・心理関係の著書が100冊を超える。

http://morotomi.net/

本書は、2009年12月にWAVE出版から刊行された作品を文庫化したものである。

PHP文庫　男の子の育て方
「結婚力」「学力」「仕事力」を育てる60のこと

2022年12月1日　第1版第1刷

著　者　諸富祥彦
発行者　永田貴之
発行所　株式会社ＰＨＰ研究所
東京本部　〒135-8137 江東区豊洲5-6-52
ビジネス・教養出版部　☎03-3520-9617(編集)
普及部　☎03-3520-9630(販売)
京都本部　〒601-8411 京都市南区西九条北ノ内町11
PHP INTERFACE　https://www.php.co.jp/

組　版　有限会社エヴリ・シンク
印刷所　大日本印刷株式会社
製本所　東京美術紙工協業組合

 ISBN978-4-569-90274-6

PHP文庫

子どもの心のコーチング

一人で考え、一人でできる子の育て方

菅原裕子 著

問題点を引き出し、自ら解決させ成長を促すコーチング。その手法を「子育て」に応用し、未来志向の子どもを育てる、魔法の問い掛け術。

PHP文庫

保育士おとーちゃんの「叱らなくていい子育て」

須賀義一 著

お母さんたちに大人気のブログ『保育士おとーちゃんの育児日記』の著者が、子育てを単純に、楽しく変えるための具体的な方法を紹介。

PHP文庫

女の子の育て方

「愛され力」「自立力」「幸福力」を育てる83のこと

諸富祥彦 著

「女の子の習い事は『ピアノ』がおすすめ」など、愛し愛される幸せな女性に育てるためにおさえておきたい、83の子育てアドバイス。